VAN HAVÈRE 1970

# INSTRVCTION

## FAMILIERE ET TRES FACILE POVR APPRENDRE
### LES SCIENCES DE CHIROMANCE
### & Phisiognomie.

*DANS LAQVELLE EST ENSEIGNE'*
*le plus parfaict des secrets de la Mémoire Artificielle,*
*dicte l'Art bref de RAYMOND LVLLE,*
*Grandement neceßaire tant à ceux qui font Profeßion*
*de Prescher, Haranguer, Plaider, que pour ceux qui*
*font grand commerce de marchandise.*

### PLVS
## VN DISCOVRS ASTROLOGIQVE
& Description Geographique & Topographique
du Comette qui apparuft fur noftre Hemifphere, l'Année derniere 1618.

### AVEC LES PREDICTIONS
*d'iceluy, dont les euenemens en feront formidables.*

### LE TOVT
Par M. IEAN BELOT Curé de Mil-monts,
Profeffeur és Mathematiques Diuines
& Celeftes.

## A PARIS,

Chez { NICOLAS ROVSSET
Et
NICOLAS BOVRDIN } En la ruë du
Palais, vis à vis
les Auguftins.

## M. DC. XIX.
### AVEC PRIVILEGE DV ROT.

## ΕΙΣ ΒΑΚΑΝΟΝ.

Βιβλῷ τῆνδὲ ὅτις φθόιεεις, παρὲς οἱ φίλοι αὐτῷ.

Ε᾽ςγὰρ ἔργμα σιβάςον, ἀνάγνωσις φθόνη ἄνξει.

## IN INVIDVM.

Inuidus hic quifquis fis , mittito non tibi
    grata,
Aut opus eximium, vt poſſit , lege, crefce-
    te Liuor.

I. BELOTVS M. R.

# A MONSEIGNEVR

## LE REVERENDISSIME ET
ILLVSTRISSIME EVESQVE DE
Chartres, Meſſire P H I L I P P E
H VR A VT , Conſeiller du Roy,
en ſes Conſeils d'Eſtat & priué,
grand Auſmonier de la Royne
mere du Roy, &c.

MONSEIGNEVR,

M l'offre à voſtre grandeur ce preſent qui ſemblera petit & mince, à ceux qui ne font autre profeſſion que critiquer & cenſurer les arts & ſciences; pour par ce moyen (deceus par leur vaine preſomption) ſe faire eſtimer entre les Idiots grandement ſçauans; ſemblables à la ratte, laquelle ne ſe peut aggrandir que par le detriment de tous

ã ij

les autres membres. Mais des doctes *amateurs* des lettres grandement estimé pour sa rareté. Or si tost MONSEIGNEVR qu'il a commencé à naistre, tout de mesme l'affection a esté née en moy de vous le consacrer, pour 2. raisons: La 1. la recognoissance que i'ay de l'amour que portez aux amoureux des Muses, qui vous est originelle. Monseigneur vostre Pere ce grand Chancellier, les a aymez feruemment, comme tous les doctes le tesmoignent, & tāt d'escrits à luy dediez. La 2. vos vertus qui sont tant illustres, qui vous font venerer par toute la France, qui vous tient comme vn Phœnix entre les Prelats, à qui la naissance & les Astres promettent la sublimité des dignitez Ecclesiastiques, ou peuuent aspirer les Prelats François, car ainsi que feu Monseigneur vostre pere, duquel vous estes heritier des vertus & du nom, estoit né sous la vierge Astrée, a esté esleué au plus haut degré de la Iustice, de mesme vous qui estes né sous vn tel Astre, croy qu'il vous promet que serez erigé en l'vne des plus eminentes grandeurs de l'Eglise, qui est le Cardinalat: Dignité que vos merites ont acquis, tant pour le zele que portez à l'Espouse de IESVS CHRIST, que les seruices qu'auez rendus en ceste Monarchie Françoise, qui vous faict cherir & aimer par nostre grand Roy & Iuste Louys XIII. & de la Royne sa mere, la plus vertueuse Princesse que nous ayons iamais eu, dont les singulieres vertus la firent Espouse du plus pieux, sage & belliqueux Monarque, qui aye iamais tenu sceptre. Ces choses considerez MONSEIGNEVR, & ma qualité, ie n'ay peu ne deu à autre qu'a vous dedier ce mien labeur, pour vous payer le tribut de mes labeurs, comme les Astres font au Soleil pere de leur lumiere, ou les fontaines & fleuues au grand Ocean: tout ainsi estant le moindre de tant de venerables Curez qui decorent vostre Diocese, ie vous offre ce present. Nous lisons chez les Poëtes, que Jupiter & Mercure hostelerent en la maison de Philemon, & de Baucis, ou la estant ses simples gens leur firent present de quelques guirlan-

## EPISTRE.

des, de fleurettes qu'ils receurent courtoise-
ment, & pour monstrer qu'ils auoient tel don
pour agreable, ils en cerneret leurs fronts. Imi-
tez ces diuinitez MONSEIGNEVR,
vostre grandeur receura benignement ce petit don, sans prendre garde à sa bassesse: mais
à l'affection de celuy qui le donne, qui ne vist
que pour s'immortaliser en ceste qualité,

MONSEIGNEVR                         De

ce 10. d'Auril
1619.
                         Vostre tref-humble &
                         tres-obeissant seruiteur
                         I. BELOT Curé de
                         Mil-monts.

# PREFACE,

## AVX LECTEVRS.

POVR contenter les esprits curieux de quelques vns de mes a-
mis (Candide Lecteur) ie mis la
main à la plume a tracer ce petit
traicté de Chiromantie, lequel succint &
veritable ie desiray mettre en lumiere, afin
que les poursuiuants & studieux de ceste
science, ayent dequoy contenter leur curio-
sité, sans estre attediez d'vne longue lecture
& discours trop prolixe & ennuieux. C'est
pourquoy i'entray (en ce Preface) en la deffinition de cet Art pour abreger, & faire les
indoctes y profiter & en recognoistre les
principes, aussi bien que les doctes, & par
ce moyen faits sçauants en iceluy art, sans
plus long & laborieux trauail : Ce liuret en
est vn Epitome, toutesfois assez ample
pour instruire pertinemment ceux qui se-
ront curieux. La Chiromance doncques
est vne diuination par l'aspect & regard de
la main, laquelle est recueillie selon les lignes & traicts d'icelle ou selon H. C. Agrip-

# PREFACE.

*Est diuinationis species, quæ per linearum manuum inspectionem celebratur.* Ou comme il dict ailleurs, *Chiromantia autem in vola manus pro numero planetarum septem montes effingit: atque ex lineis, quæ ibi conspiciuntur, quæ hominis complexio, qui effectus, quæ vita, quæ fortuna sese posse cognoscere arbitrantur per linearum harmonicam correspondentiam, &c.* Pour la distinction de la main se fera au premier chap. suyuant, qu'en traicterons : mais auant que d'entrer en icelle, disons comme l'antiquité a eu ceste science en recómendation. Nous en voyós quelques traits assez remarquables en l'Escriture Saincte, tant en Iob, qu'en la Sapience ou ce sage dict, *La longueur des iours est en sa dextre : & en sa senestre richesses & honneurs, &c.* Paroles que les sages & curieux remarquent serieusement : comme estant vn trait de la Diuinité. Les plus sages profanes, & les plus grands esleuez aux dignitez de Magistratures, se sont arrestez en ceste science Chiromantique. Aristote Prince des Philosophes en a faict des liures amples & tresdoctes. Virgile, Plaute & Iuuenal ils y ont esté maistres. Le dernier disoit en la Satyre 6. *Frontemque manumque prabebit fati.* Ceux qui ont esté esleuez aux plus hautes dignitez de Magistrature, qui ont aymé ceste science à esté Lucius Sylla,

# PREFACE.

la, & I. Cæfar comme remarque Suetone & Iofephe, qui dit que par la main iceluy Cæfar recognut le faux Alexandre, qui fe difoit fils d'Horodes. Mais fans groffir mon difcours de la recherche de la curiofité des anciens en cefte fcience & fur fa loüange, ie prieray les amateurs d'icelle de voir ce qu'en dit Aliatenfis Cardinal, Sauanarola, Scotus, André Coruin & plufieurs autres, qui ont efté tres-experts aux fecrets d'icelles, laquelle fçience eft infaillible en fes effects, & par laquelle nous pouuons preuoir beaucoup d'infortunes, fçience neceffaire aux Preftres & Medécins, en la vifite de leurs malades, afin par les traits du vifage & de la main, recognoiftre l'eftat de leurs maladies. C'eft pourquoy, Amy Lecteur, tu ne trouueras mauuais, attendu ma profeffion que ie me fois arrefté en icelle fcience & en auoir efcrit ce qui euft efté plus louable à vn Medecin qu'à moy, ie t'affeure que ie ne l'ay faict que pour la priere de quelques vns de mes amis& plus familiers, lefquels m'ont ftimulé de mettre ce liuret en lumiere pour leur feruir d'inftruction en icelle fcience; ce qu'obtemperant à leur volontè, ie l'ay faict, auec la plus naifue fimplicité qu'il m'a efté poffible de trouuer, & par methode fi pre-

c̄

# PREFACE.

henfible ( comme l'on le peut cognoiftre )
que les plus ftupides d'efprit la peuuent
comprendre facilement & s'y faire maiftres
& doctes. Mais quand ils auront la cognoiffance de ces reigles, i'efpere en bref
pour les contenter & vous auffi Amy Lecteur, & vous donner fur ce fubiect chofes
plus hautes & dignes.

## A D I E V.

fant: Voulons en outre quoy faifant mettre au commencement ou à la fin dudit liure ces prefentes, ou vn extraict d'icelles, qu'elles foient tenuës pour fignifiées & venuës à la cognoifsāce de tous, fans fouffrir ne permettre luy fait eftre mis ou donné aucun empefchement au contraire : De ce faire vous donnons pouuoir & mandement fpecial : CAR TEL EST noftre plaifir. Donné à Paris le fixiefme iour d'Auril, l'an de grace mil fix cens dix-neuf : & de noftre regne le neufiefme.

Signé     D ES - Y V E S.


Ledit Rouffet a accordé que Nicolas Bourdin auffi marchand Libraire à Paris, jouyffe dudit Priuilege, ainfi qu'il a efté accordé entre eux.

---

*Acheué d'Imprimer ce Samedy 15. Iuin, 1619.*

# ABREGE' QV'IL CONVIENT
## SCAVOIR POVR APPRENDRE
## LA SCIENCE DE CHIROMENCE.

## CHAPITRE PREMIER.

REMIEREMENT il conuient connoiſtre & ſçauoir qu'il y a ſept planettes, dittes eſtoilles Erratiques, qui ont chacune leurs caracteres dont on vſe en l'Aſtrologie, leſquelles ont grand puiſſances ſur les corps inferieurs, & regiſſent chacune quelque partie ou membre du corps humain, & particulierement des mains, leurs caracteres & marques (ſelon les Aſtrologues, ſont tels

| | | | |
|---|---|---|---|
| Saturne | ♄ | Venus | ♀ |
| Iupiter | ♃ | Mercure | ☿ |
| Mars | ♂ | La Lune | ☾ |
| Le Soleil | ☉ | | |

Faut auſſi ſçauoir qu'il y a douze ſignes au Zodiaque, & cognoiſtre leurs marques par leſquels ils ſont recognus, & ou ils ſont poſez à la main : Tu

dois ſçauoir que c'eſt que Zodiaque, qui n'eſt autre choſe qu'vn cercle imaginé au Ciel, reiglant
les années, les mois, & les ſaiſons d'icelles, que
les Grecs nomment Ζοδιαχος, qui eſt a dire, *porte
vie*, pource que la vie de tous les animaux depend
de ce cercle : car le Soleil montant vers nous le
long d'iceluy, nous porte la generation des choſes, & en deualant la corruption. Les Latins le
nomment *Signifer*, c'eſt à dire *Porte-ſigne*! pource
qu'il eſt demembré en douze pars qui ſont nommez ſignes.

    Ces ſignes ſelon Sacroboſco en ce vers.

*Sunt Aries, Taurus, Gemini, Cancer, Leo, Virgo,*
   *Libraq;, Scorpius, Arcitenens, Caper, Amphora, Piſces.*

Mettons les icy ſelon leurs ſaiſons, auec leurs caracteres, pour ſeruir en ce ſubiect Chiromentique.

| LE PRINTEMPS. | | L'ESTÉ. | |
|---|---|---|---|
| Aries | ♈ | Cancer | ♋ |
| Taurus | ♉ | Leo | ♌ |
| Gemini | ♊ | Virgo | ♍ |

| L'AVTOMNE. | | L'HIVER. | |
|---|---|---|---|
| Libra | ♎ | Capricornus | ♑ |
| Scorpius | ♏ | Aquarius | ♒ |
| Sagitarius | ♐ | Piſces | ♓ |

Leurs qualitez & dominations ſur les corps ne
ſont de neceſſité repreſenter icy : mais pour ce qui
eſt de la main vous le voirez en la ſeconde & troiſieſme figure ſuiuante, mais poſons les noms &

appellations des sept lignes de la main partie principale de la Chiromentie qui sont

| | |
|---|---|
| La menfale, ou de fortune | 1 |
| La moyenne naturelle | 2 |
| La ligne de vie, ou du cœur | 3 |
| Ligne du foye, ou de l'eftomach | 4 |
| La ligne fœur de la ligne de vie | 5 |
| La percuffion de la main | 6 |
| La reftrainte | 7 |

Ces lignes font toutes recognues à la Chiromence, lefquelles il eft de beloin fçauoir & cognoiftre, & les diftinguer l'vne d'auec l'autre : & pour
faciliter cefte cognoiffance, i'ay bien voulu vous
donner ces trois figures : l'vne qui eft la premiere
pour les planettes & lignes ; la feconde pour les
fignes du Zodiaque, & la treifiefme pour les mefmes fignes en autres lieux pofez.

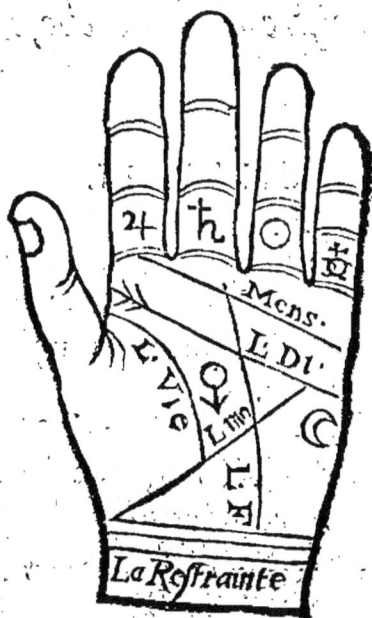

A ij

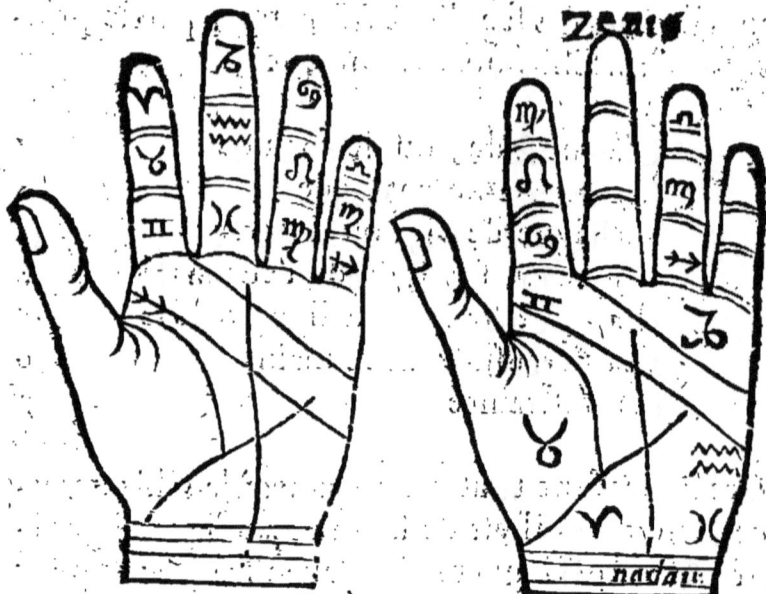

## LA VRAYE ET ENTIERE

description de la main, qu'il faut sçauoir
pour cognoistre quelque chose en Chiromence.

## CHAP. II.

LES mains sont des principales parties du
corps lesquelles sont si necessaires & vrgen-
tes, que nostre poëte François leurs donnent telles Epitetes.

　　　　　　　　　chambrieres de Nature
Cinges de l'Eternel, instrumens à tous ars,
Et pour sauuer nos corps non soudoyez soudars, &c.
Les Anatomistes les diuisent en trois parties prin-

cipalles, affauoir le poignet, l'auant-main & les
doigts, la defcriptiõ la plus belle fe trouue en l'O-
fteologie d'Hipocrate:mais les Chiromentiens ces
trois parties cy deffus nommez font dites, l'vne la
palme, mot & appellation dont Apulee ceft aidé en
fon Afne doré, appellant cefte partie *Dea Palmaris*,
que nous nommons en Chiromence, *Plaine de
Mars.* L'autre partie eft dicte la Vole, qui eft les
extremitez de l'autre cofté du poulce vers le petit
doigt dit auriculaire, que nous nommons mont de
la main, ou de la Lune. La tierce partie font les cinq
doigts qu'il faut remarquer felon leurs nominatiõs
qui font telles, felõ les Medecins *Pollex, Index, Me-
dius, Annularis, Auricularis*, que i'ay voulu vous reprefenter cy deffus en ces trois figures, & non auec
vn nõbre infini qui apporte de la cõfufion, comme
a fait vn Indagine, Cocles, Corue, & plufieurs autres. Outre plus voftre main feule vous peut fuffire pour pertinemment le recognoiftre fans autre
figure. Vous deuez doncques remarquer que le
poulce comme le premier & plus gros & robufte
eft ainfi appellé & eft dedié à Venus, & à tel figne
♀. Le plus prochain d'iceluy eft appellé *Index*, ou
Indicatif, ou demonftratif, à caufe que par iceluy
nous demonftrons quelque chofe que ce foit &
les anciens Philofophes l'ont ainfi nommé, & en-
tr'autre Socrate, lequel pour cefte raifon eftoit
defpaint, demonftrant de ce doigt vne femme qui
eftoit reprefentee pour la Nature, & ce doigt eft
donné à Iupiter figne ♃. Le troifiefme eft nommé le Mytanier ou mitancier eftant fitué au milieu, aucuns l'appelle Medecin, à caufe que de celuy l'on touche les lieux fecrets quand ils font ma-

lades: les Latins le nommoient *Verpus*, de ce mot *Verro*, qui signifie à nostre vulgaire gratter, on tient comme dit Iuuenal que les Iuits en grattent leurs parties honteuses, quand ils ont la discentiere. Et Orus Apollo en ces Hieroglifiques represente ce doigt pour vn hôme diffamé, & noté de quelque infamie, mais ce doigt auec le poulce, & l'indice iadis representoient la Trinité, ou main de Iustice de nos Roys; Il s'en voit en nos antiques bastimens, particulierement à Plaisy en Galie, de laquelle le President Fauchet au liure 7. de son Histoire du declin de la maison de Charlemagne en traite amplement. Ce doigt est de Saturne & a pour marque & signe ce h.     C'est assez de cestuy, parlons de celuy qui suit que nous appellons Annulaire, pour autant que coustumierement l'on y porte vn anneau, & particulierement en la main senestre: Les Doctes Medecins & Anatomistes disent pour raison de cela, qu'en ce doigt est vn nerf fort tendre & delié qui tend au cœur, pourquoy il doibt estre enuironné d'vn anneau, comme d'vne couronne pour la dignité. Mais remarquez encores qu'aux ceremonies du Mariage ayant commécé au poulce à mettre l'anneau matrimonial, l'on le retire & est mis aux autres iusques à celuy cy. auquel l'on le laisse. Pourquoy quelques vns qui se sont arrestez, comme Durand en son Rational, des Diuines Offices, à discourir sur ces ceremonies, dit, que cela se fait pour raison qu'il respond au cœur, siege des affections & de l'amour: Autres disent, à l'occasion qu'il est dedié au Soleil, & que la plus part des an-

ceaux sõt d'or, metail, qui lui eſt auſſi dedié; Et ainſi par ceſt aſſemblage & Sympatie le cœur s'en reſiouit. Ce doigt à ceſte marque pour le Soleil. ☉.
Le dernier & plus petit de tous eſt nómé le doigt Auriculaire, ou auriculier, pour cauſe que le plus ſouuent nous en vſons pour curer & nettoyer nos oreilles, comme d'vn ferrement: Nous liſons que Denis Tyran de Syracuſe ne voulut iamais autre inſtrumét à ſe nettoyer ſes oreilles, douteux que l'ō ne luy dónaſt quelque inſtrument entoxiqué, eſtãt Prince grandement craintif & deffiant, dont la vie à eſté miſerable pendant ſa tyrannie pour la crainte imprimee en ſon ame : ce doigt eſt attribué à Mercure, & porte pour ſigne ☿. Or tous ces doigts ont des enflures qui s'eſleuẽt des racines ou baſes d'iceux doigts, qui ſont appellez montagnes, attribuez & dediees aux Planettes, eſquelles eſt adiouſtee celle chair paroiſſante & eminente, qui eſt & appartient à la percuſſion de la main, les quatre doigs principaux ont douze ioinctures ou ligamés, auquels douze eſt attribué les douze ſignes du Zodiaque (comme il ſe void en ceſte figure precedéte) & à chaque doigt vne des ſaiſons de l'annee, comme l'indice qui eſt Iupiter, nous luy donnõs le Printemps, & à chaque ioincture vn des ſignes de ceſte ſaiſon, à la premiere proche de la ſummité Aries, a celle du milieu Taurus, & a celle de la racine Gemini, qui ont pour nottes ces trois Caracteres ♈ ♉ ♊. Celuy doigt reſpond au petit ou auriculier qui eſt deub à Mercure, qui ſe prend pour l'Automne, & ſe conforme à celuy de Iupiter, ils repreſentent deux ſaiſons eſgalles en douceur & temperatures, dont les deux ſignes premiers, ſont

Equinoxes (c'eſt à dire) qui rendent les iours & les
nuicts eſgaux, les ſignes de ceſte ſaiſon d'Automne donnez à ce doigt, & qui ſe poſent en la meſme
façon que les autres, ſont Libra, Scorpius & Sagitarius, qui ont pour marques ♎. ♏. ♐. Le Mitancier qui eſt Saturne, nous repreſente l'Hyuer,
ſaiſon rigoureuſe pour le froid, a ces ſignes Capricornus, Aquarius, & Piſces, qui ſôt ainſi marquez,
♑. ♒. ♓. L'Annulier qui eſt au Soleil, a pour ſigne
Cancer, Leo, & Virgo, qui ont pour Caracteres,
♋, ♌. ♍. Et ces deux ſaiſons ont en leurs premiers
mois, les deux Solſtices: c'eſt à dire, que le Soleil
ne deſcend, ne remonte d'auantage, s'arreſtant aux
deux extremitez du Zodiaque, du Zenit, pour ſon
eleuation, & au Nadair pour ſa deſcention.
Ces deux angles repreſentees en la main, nous deuons imaginer le Zenit en la ſummité du doigt mitancier, & le Nadair pres la Reſtrainte, où finit la
ligne de vie, ainſi repreſente vne figure d'Ouale.

Nous la pouuons repreſenter ſelon la troiſieſme figure cy deſſus nous imaginant la ceinture du
Zodiaque le long du doigt indice deſcendant par
au deſſus du poulce, & la montagne de Venus, qui
ſera compriſe en l'Ouale du Zodiaque, & imaginerons ainſi nos ſignes, Aries ſur l'enflure au deſſus de la Reſtraincte. Taurus ſur la Montagne de
Venus, & ſur les branches & rameaux de la ligne
de vie (qui nous denote la vie) Gemini eſt poſé, ſur
la premiere racine ou ioincture du doigt Indice
Cancer, ſur la 2. Leo ſur la 3. Virgo : & laiſſons le
poulce comme ſeparé n'eſtant doigt parfait, n'ayát
que deux ioincturesou ligamens, qui eſt le premier
nombre, ſelon les Arithmeticiens dit plat, qui n'a
                                                          tant de

tant de perfection que le Ternaire, ou le trois qui
eft le fecond. Ce demy cercle nous l'appellons
Arctique. Pour l'autre demy cercle Meridional
que nous appellons Antarctique, nous le commencerons en la fummité du doigt annulier, &
poferons le premier figne qui eft Libra fur la premiere ioincture de ce doigt: fur la 2. Scorpius : fur
la racine ou troifiefme Sagitarius: à l'extremité de
la ligne Menfale Capricornus : fur le milieu de la
montagne dé la Lune Aquarius : & proche de la
reftraincte de ce cofté là Pifces: ainfi les fept montagnes des Planettes feront enclofes en la ceinture ou zodiaque.

Il faut fçauoir & remarquer que chacque montagne ( ce que ie declareray plus amplement cy a-
pres aux regles de cefte fcience) qu'ils fignifient
& denotent quelque chofe digne: comme celle
de Venus l'Amour, celle de Iupiter les honneurs,
celle de Saturne les infortunes, celle du Soleil les
richeffes, celle de Mercure les fciences, celle de
Mars les exploicts militaires, & celle de la Lune
les afflictions & maladies d'efprit. Ie ne palleray
plus auant en cefte notion, fignification & remar-
ques d'icelles montagnes, referuant cela en vn
autre chapitre. Mais auant que fortir & con-
clure ceftuy, ie toucheray vn mot des lignes & re-
marques de la main neceffaire en ce lieu.

En l'enclos doncques de la main, il y a fix lignes
fections ou trencheures, lefquelles defpendent
toutes (comme il faut fçauoir) de trois principal-
les parties de l'homme, lefquelles parties font le
chef, le cœur & les roignons, defquelles depen-
dent les trois mondes, qui font Intellectuel, Cela-

B

fte & Elementaire: ainfi fe pofent.

| L'Intellectuel | | Chef | | a Dieu |
|---|---|---|---|---|
| Le Celefte | au | Cœur | | au Ciel |
| L'Elementaire | | Roignons | | aux Elements |

Ainfi des lignes de la main.

| La Menfale, | | Chef | | Dieu. |
|---|---|---|---|---|
| La Moyenne | au | | a | |

| Ligne de vie | | Cœur | | Ciel. |
|---|---|---|---|---|
| Ligne de l'Efto- mach, | au | | au | |

| La Percuffion, | | Roignons | | Elemens. |
|---|---|---|---|---|
| La Reftrainte, | aux | | aux | |

Pour recognoiftre ces lignes, il faut fçauoir dõc, premierement que la Menfale prend fa force de tout le chef, & qu'elle commence en la percuffion de la main, ou la montagne de Mercure fituee foubs le doigt auriculaire, laquelle va auec deux ou trois rameaux, & plus fouuent toute feule, faillir & fe terminer foubs l'Indice, & quelques fois fe ioint auec la moyenne, eftant toutes deux refpondantes au chef, & auec celle de Vie, & font vn angle fe finiffant entre les montagnes de Venus & Iupiter.

La 2. du chef dite Moyenne naturelle eft celle qui prend commencement à la racine de la ligne de Vie,& paſſe par le milieu de la Palme entre les montagnes de Mars & de la Lune,& ſe va rendre ſous celle de Venus,& plus ſouuent à la Menſale, comme il eſt dit cy deſſus.

La 3. celle de Vie dite du cœur commence à la montagne du doigt indicatif, & ſe termine pres le lien que nous appellons Reſtrainte, diuiſant la montagne de Venus d'auec le triangle ou palme.

La 4. dite du foye ou de l'eſtomach, prend ſon origine & commencement ſous la môtagne de la Lune,& va faire le triangle de Mars, trauerſant la ligne Moyenne,ou directe,ſe ioignant à celle de Vie au deſſus du mont de Venus.

La 5. eſt la Reſtrainte qui eſt les eſpaces qui apparoiſſent en la ioincture de la main,ou il y a deux lignes du moins, & du plus quatre, & pluſieurs traicts montant vers le mont de Venus.

Pour la 6. nous mettrons la ſœur compagne de la ligne de vie qui la ſuit : Puis nous adioùſtons la percuſſion qui eſt la partie de dehors , laquelle mouue,lors que nous frappons ſur quelque choſe. Ce ſont icy des parties plus notables de ceſte ſcience, qui nous faut remarquer & recognoiſtre pour ne manquer aux diuinations eſtant les principes de ceſte Science Chiromentique.

B ij

# A QUOY EST NECESSAIRE les sept planettes, & les douze signes du Zodiaque en la science de Chiromence.

## CHAPITRE. III.

AVant que d'entrer plus auant en la solution de ceste question, & en instruire le cupide d'apprendre ceste Science; Ie desire contenter les doctes, & icy faire vne digression ( toutesfois r'abregée) touchant les Planettes & signes du Zodiaque, & montrer comme l'antiquité les ont accommodez & leurs influences aux sciences, Arts & disposition des corps. Les iuifs desquels nous auons mandié nostre Foy & croyáce, & sont nos aisnez tant pour la cognoissance que culte du vray Dieu, ont dés les premiers siecles accommodé ces sept Planettes à leurs iours ou sens : Mais depuis que le temps a apporté de la diuersité & de la corruption en leur Religion, c'a esté lors qu'ils ont plus haut esleué ces Planettes, & recherché les Grecs, premiers qui ont recogneu leurs facultez & influences, & qui leurs ont imposé les noms. Les Autheurs qui ont composé le Thalmud en la 1. Partie nommée *Ordre des Semences*, au 6. Traité appellé מסכת שביעית, *Massechet sceuiith*, c'est à dire *Traité du sept*, les ont fort accommodez à leurs misteres : Le R. Abraham Aben-Ezra en son commentaire sur ce liure, faict simbolifer les 10. Sephirots, Hebrieux, & les 10.

Spheres celeftes au 10. commãdements de la Loy, dont le premier, qui monftre la tref-fimple vnité du P E R E , qui eft comme le baze & fondement de tout.

*Ie fuis le Seigneur ton Dieu, qui t'ay retiré hors d'Egypte de la maifon de Seruitude : Tu n'auras autre Dieu que moy.* Se rapporte à la dixiefme Sphere immobile, comme fouftenant le Throfne de Dieu, *Cœlum fedes mea eft, & terra fcabellũ pedum meorum,* en Efaye 66. qui de là meut le premier mobile, & cõfequemment tout le refte, *Gaudent omnes mouente Patre,* dit S. Denys en fa Hierarchie, parlant des Intelligences qui eftant meuës, meuuent lesSpheIntelligences qui eftant meuës, meuuent lesSpheres & les corps celeftes, où elles prefident: tellement que Trifmegifte definift Dieu eftre vn cercle, dont le centre eft par tout, & la circonference nulle, par ce qu'il eft tout appertement reprefenté par ces deux notes de chiffre( felõ mefme les Rabins en leur Ghematrie)qui font 10. 1. fait fans le zero, vaut vn, qui eft vn point indiuifible, ou le centre qui eft par tout: car il n'y a nombre où l'vnité ne fe puiffe trouuer, d'autant qu'ils partent tous d'elle, & ne font autre chofe qu'vn amoncellement d'vnitez enfilées les vnes aux autres, & le o. ou zero, qui eft rond en façon circulaire, eft dit comme n'eftre en aucun lieu, parce que de foy il ne fait rien : parquoy il fe rapporte à l'*Enfoph* non finy ou infiny.

Le 2. commandement; *Tu ne feras aucune image ny femblance de tout ce qui eft és cieux en haut, ou en bas en la terre, ou fouz les eaux pour l'adorer.*[du nom Pefel] Ce commandement cõuient à la 9. Sphere, & premier mobile, qui meut & rauit auec foy toutes les au-

tres fubiacentes en 24. heures: & au Fils qui eſt le
premier mouuement de toutes choſes, procedant
du Pere immobile, il me ſouuient à ſe propos de
ce que dit Boëce,

*Terrarum cœlique Sator, qui tempus ab æuo,*

*Ire iubes, ſtabiliſque manens das cuncta moueri.*

Lequel Fils a bãny & extirpé toutes les Idolatries
du monde, là où ſon Euangile portee & annoncee.

Le 3. commandement. *Tu ne prendras point le*
*nom du Seigneur ton Dieu en vain : car le Seigneur ne*
*tiendra pour innocent celuy qui le prendra en vain*, A la
huitieſme Sphere où ſont toutes les Eſtoiles fixes,
& le Zodiaque auec les 12. ſignes, qui ſont de
noſtre Science, & puis il y a les 48. principaux
aſtres figurees, comme on les void en Hyrginus,
& en pluſieurs autres Aſtrologues.

Le 4. commandement. *Sonuienne toy de ſanctifier le*
*iour du Sabbat,* A la ſphere de Saturne (qui nous eſt
repreſentee par le doigt Mitãcier) Laquelle ſphere ou planette eſt infauſte, maligne & nuiſible, dõt
Moyſe iugeoit ne ſe deuoir rien entreprendre ne
faire ce iour là, ains demeurer du tout en repos, &
vacquer au ſeruice Diuin. Parce qu'il preſide à la
premiere heure du ſamedy, qui commence au ſoir
à la nuict, comme faict Mars à la derniere, qui eſt
pernicieux auſſi de ſa part. Et cela ne ſe rencontre
en pas vne des autres iournees : pour raiſon dequoy le Zoar & autres cabaliſtes alleguent, que
les malins eſprits ont plus de puiſſance de nuire,
en toutes les quatrieſmes & ſeptieſmes nuicts, auſquelles ces deux planettes preſident qu'en autres
nuicts de la ſepmaine.

Le 5. commandement. *Honore ton pere & ta me-*

e, *afin que tes iours te soient prolongez sur la terre*, Est
.ttribué à la sphere de Iupiter qui est beneuole, &
epresente la paix, amour, pieté & clemence: ainsi
que fait la sphere de numeration, *chesed*, & le nom
liuin ⸱⸱ lequel luy est attribué.

Le 6. commandement, *Tu ne tueras point*, est at-
tibué à Mars le Dieu de la guerre & des meurtres.
Le 7. *Tu ne paillarderas point*, A Venus suyuant l'o-
pinió des Brachmanes & Gimnosophistes, pource quelle respond à la numeration, *Nesach*, ou Victoire: nous representant la victoire que deuons
auoir sur nos concupiscences.

Le 8. commandement, *Tu ne desroberas point*, Est
donné au Soleil, lequel rauist & substrait, & des-
robe à toutes les estoilles leur clairté & lumiere,
qu'il esteint & offusque.

Le 9. commandement, *Tu ne porteras faux tesmoi-
nage contre ton prochain*, Est dedié à Mercure, com-
ne patron de toute subtilité & tricherie, barat,
lol, deception & fraude.

Le 10. commandement, *Tu ne conuoiteras point la
emme de ton prochain, ny la maison, son serf, son bœuf,
i'y autre chose de sa substance*, Ce dernier commandement se refere à la Lune, la plus basse de tous les
corps cœlestes, ainsi que la conuoitise est la plus
nsime & abiecte passió de nostre ame, & qui nous
uilist le plus. Voila pour les Iuifs; pour nostre
Theologie, l'on pose ces sept Planettes pour les
dons du S. Esprit: pour les sept petitions de l'o-
raison Dominicale: les douze signes du Zodiaque
aux 12. articles du Symbole, & de rechef les 7. planettes sont accommodez aux sept Chandeliers de
l'Apocalypse, où l'homme viuant chemine au

milieu d'iceux, & ceste doctrine est de Rupert &
S. Cyprien au Sermon de la Pentecoste, qui mora-
life doctement sur le nombre septenaire. C'est as-
fez pour nostre Theologie Euangelique: qui voudra voir quelque chose de rare sur ce nombre Septenaire, voye ce qu'en a escrit H. Cor. Agrip.
au 2. de sa Philosophie occulte, où finissant son
discours, il dit, *Denique hic numerus & in bono & in*
*malo omnium est potentissimus.* Et Linus ancien poëte Latin, disoit de ce nombre.

> *Septima cùm venit lux, cuncta absoluere cœpit,*
> *Omnipotens pater, atque bonis est septima: & ipsa*
> *Est etiam rerum cunctarum septima origo.*
> *Septima prima eadem perfecta, & septima septem,*
> *Vnde etiam cœlum stellis errantibus altum,*
> *Voluitur, & circlis totidem circum vndiq; fertur.*

Les Egyptiens, Arabes, & Mages, Caldeens en
leurs sciences occultes, leurs ont attribué des Anges, Intelligences, nombres & Esprits, tant aux
planettes que signes du Zodiaque. Voyons comme aux arts liberaux ils ont accommodez. En la
Dialectique les dix orbes celestes, sont appro-
priées aux dix categories, ou predicaments qui
sont ainsi accōmodez; l'Essence à la sphere immobile, la substance à la 1. sphere mobile : la qualité
à la 8. sphere : la quantité à Saturne, la Relation à
Iupiter : la situation ou assiete à Mars : l'Agent
au Soleil : le patient à Venus : l'habitude à Mercure, & les cinq predicaments qui regardent tout le
contenu qui est souz la concauité de la Lune luy
sont dediees : ainsi ces categories & predicaments
s'accommodent aux planettes & cieux. Pour la
Musique les tōs & voix, ils sont aussi appropriees,
& pour

& pour l'appropriment, vous le voirez en ces vers
extraicts de la Galliade, ou la Reuolution des Arts
& sciences de ce docte Guy le Feure de la Bode-
rie.

> *Or la suite de voix, ou l'Estente du vent,*
> *Par marches & degrez ne paruient plus auant,*
> *Que iusques au Septiesme : & Dieu qui tout dispose,*
> *Fait qu'au nombre de Sept presque tout se repese.*
> *Mais des hommes diuers ja dés les siecles vieux,*
> *L'aduis fut different quant aux sept voix des cieux.*
> *Les vns ont estimé qu'au grand ciel de Saturne,*
> *Se faict la grosse voix & presque taciturne,*
> *Comme l'Vt le plus bas : le Ré vn peu plus haut*
> *Se faict au ciel d'apres : puis le Mi faict vn saut*
> *En la Sphere de Mars, & le Fa qui s'auance*
> *Sonne au Ciel où Phœbus demene en rond sa dance.*
> *Et par ce que Venus & Mercure ont leurs cours*
> *Parfait presque d'vn têps, & presque en mesme iours.*
> *Quelques vns ont pensé que le Sol s'y entonne,*
> *Et qu'en mesme vnison deux fois il y resonne :*
> *Et que le La, qui est le plus haut esleué,*
> *Demeure au Ciel Lunaire enclos & enclaué.*

L'Alchimie a aussi part : car sept metaux principes de ceste science sont donnez aux sept Planettes, comme le plomb à Saturne, le cuiure à Iupiter, le fer à Mars, l'or au Soleil, l'estain à Venus, le
vif argent à Mercure, l'argent à la Lune, & des
caracteres d'iceux planettes en font leurs secrettes escritures. Ce que l'Abbé Tritheme en sa Po-
ligraphie liure 5. en fait ces plus occultes secrets.
Moyse ordonna mesme entre ces ceremonies vn
chandelier qui estoit d'or fondu & non massif qui

C

peſoit cent mines, qui eſtoit ſelon les Hebrieux
70. Cinchares:& Moyſe l'auoit compoſé (comme dit Ioſephe) ſelon les Mathematiciens qui di-
uiſent les planettes, & le Soleil auoir ſept branches diuiſées. Nume Pompile auſſi inſtitua douze
Preſtres Saliens en l'honneur de Mars: ils por-
toient le iour de leur feſte à chacun vn bouclier
dont l'vn deſquels on diſoit eſtre donné du Ciel:
il y auoit auſſi ſept Flamines, ce tout inſtitué en
l'imitation des Hebrieux. Mais pour ſortir de
ceſte digreſſion : voyons comme les Anatomiſtes
les accōmodent aux membres des corps, ſe con-
formant aux Aſtrologues.

*Les ſept Planettes.*

| ☉ | Le Soleil | ‖ | La Teſte. |
|---|-----------|---|-----------|
| ☽ | La Lune | ‖ | Le bras dextre. |
| ♀ | Venus | ‖ | Le bras feneſtre. |
| ♃ | Iupiter | ‖ | L'Eſtomach. |
| ♂ | Mars | ‖ | Les Teſticules. |
| ☿ | Mercure | ‖ | Le pied droit. |
| ♄ | Saturne | ‖ | Le pied feneſtre. |

Ou bien ſelon les cercles de H. C. Agrip. Mars
la teſte : Venus le bras dextre : Iupiter le feneſtre:
Mars l'eſtomach, qui eſt le centre du corps humain : Luna les Teſticules : Mercure le pied dextre: Saturne le feneſtre.

*Pour la domination des douze signes, est telle.*

Gouuerne

| | | Gouuerne |
|---|---|---|
| ♈ | Aries | La teste. |
| ♉ | Taurus | Le col. |
| ♊ | Gemini | Les bras & espaules. |
| ♋ | Cancer | La poictrine & le cœur. |
| ♌ | Leo | L'orifice de l'Estomach. |
| ♍ | Virgo | Le ventre. |
| ♎ | Libra | Les reins, & les fesses. |
| ♏ | Scorpius | Les parties honteuses. |
| ♐ | Sagitarius | Les cuisses. |
| ♑ | Capricornus | Les genoux. |
| ♒ | Aquarius | Les iambes. |
| ♓ | Pisces. | Les pieds. |

Sur toutes ces sciences nostre Chiromencie les surpasse, aussi la Physionomentie ; Car vne au compris de la main, l'autre du visage, comprennent ce tout. C'est pourquoy afin de fonder ceste proposition, à ceux qui voudroient nous demander : A quoy est necessaire les 7. Planettes, & 12. signes du Zodiaque en ceste science. Leur dire estre parties principales, car par la situation & assignation des lieux en la main, ou au visage, tant des Planettes que des Signes : nous recognoissons les fortunes, ou infortunes qui peuuent arriuer, tant en la vie, amours, richesses, exploits militaires, aux sciences & arts, qu'aux negoces & trafic de marchandise, de mariage, ou autres accidens, dont ceste vie est tributaire. Aussi on recognoist quand cela peut arriuer, & en qu'elle sai-

ſon & mois. Il faut noter que lors qu'il naiſt vne
forme d'Eſtoille, ou demie croix ſur vne de ces
montagnes, S'il y a point vn des rayons de ceſte
Eſtoille, ou vn des traiĉts & lignes de ceſte demie-
croix qui tendent ſur l'vn des ſignes du Zodiaque, par nous imaginé en la main. Car où tendent
la ligne de ceſte demie-croix ou rayon de l'Eſtoille, ſera au mois que ſignifie le ſigne que le mal-
heur ou infortune doit arriuer. Ainſi de l'heur &
bonne fortune qui nous eſt denotée par la croix
ou ligne ſeule, ou ligne branchenë non en la ſummité : mais en ſon extremité baſſe. Ce qu'André
Corue approuue & Indagine. Le Cardinal Allia-
co nous rapporte ſur le ſubiet la mort de Iules
Ceſar, dit, qu'il fut aduerty par Spurina Mathe-
maticien, de ſe donner de garde des Calendes de
Mars, voyāt en ſa main ſeneſtre vne demie-croix
née en la pleine de Mars, donc l'extremité ten-
doit ſur Aries, que nous poſons proche de la Reſtrainte en l'enfleure au deſſus d'icelle, qui nous
repreſente le mois qui deſpend de ceſte Planette:
Ce iour des Calendes luy fut funeſte pour n'auoir
voulu receuoir les paroles de prediction de Spurina. Ainſi faut remarquer, il nous naiſt vne Eſtoille ou demie-croix ſur le mont de Venus, donc
quelque extremité tendent en Aries ou Taurus,
indubitablemēt quelque infortune pour l'amour
des femmes arriuera en ces mois à celuy qui aura
telle choſe en la main : ainſi ſi elles tendent en autres ſignes, ce ſeront en meſme mois. Si s'eſleue
en la plaine de Mars vne ligne ſeule, qui tende
vers la montagne de Venus, & en Taurus ou Gemini, cela denote vne victoire qu'vn remportera

pour vne Dame, foit en dueil ou autrement, mais
fi la ligne va cheoir par la montagne de Venus à
Taurus, la Dame pourquoy s'entreprend ce com-
bat fera paillarde & lubrique. Cecy eft remarqué
par Dictis de Crete aux combats d'entre Mene-
laüs & de Paris pour Heleine. De mefme celuy
qui aura vne ligne fouz la montagne de Iupiter
qui tende en Gemini, Cancer, ou Pifces, indubitablement aux mois qui font regis par ces fignes, ils receuront honneurs pres les Rois &
Princes, & ces mois leurs font fortunés : mais au
lieu d'vne ligne s'il y a vne Eftoille ou demie-
croix, cela fignifiera mal-heurs & difgraces des
Grands & perte d'honneurs. Si fur la montagne
de Saturne, s'il fe trouue quelqu'vne d'icelles marques, comme Eftoille ou demie-croix qui tendent au Sagitaire ♏. ou ✗. garde en ces mois vne
mort ignominieufe. Sur la montagne de Mercure,
garde les trompeurs foit par vne abufiue eloquen-
ce. Sur celle de Sol, garde pour les richefles, car
icelles tendent en ♉. ou ♍. fi les lignes font droi-
tes tendantes vers Venus, cela fignifie vn mariage
riche, qui arriuera à celuy qui aura tel figne &
ligne en la main, qui arriuera en ces mois gouuer-
nez par iceux fignes. Sur la montagne de la Lune
il fe paroift vne Eftoille dont les rayons tendent
en Capricorne ♉. redoute en fe mois vne vehe-
mente maladie & danger de mort, fi elle tendent
en ♋. qui eft Octobre, garde vne demence d'efprit ou manie : fi elle tend vers ♒. qui eft Ianuier,
garde vne melancholie qui porte au defefpoir. Et
que celuy a qui fe trouuera telle Eftoille ne fe pre-
cipite aux eaux. C'eft donc à quoy eft neceffaire

les fignes du Zodiaque en cefte fcience, pour remarquer precifément le temps, la faifon, & le
mois, aufquels les fortunes ou infortunes peuuẽt
arriuer, qui eft vn des poincts plus particuliers
qu'il faut fçauoir: afin que celuy qui fera aduerty
preuienne le mal-heur qu'il luy feroit promis par
ces marques.

---

# LAQVELLE DES DEVX
## mains eſt plus propre, pour les effects
## de cefte fcience.
### CHAP. IV.

IE veux imiter en cefte facile inftruction, le
Poëte Lycophon en fa promeſſe qui eft

$$\text{Α}\acute{\varepsilon}\xi\omega\ \tau\grave{α}\ \pi\alpha'ν\tau\alpha\ i\nu\tau\varrho\varepsilon\kappa\tilde{\omega}\varsigma\ \grave{α}\ i\varsigma o\varrho\varepsilon\tilde{\upsilon}\varsigma,$$
$$\text{Α}\varrho\chi\tilde{η}\varsigma\ \grave{α}\pi'\ \acute{α}\chi\varrho\eta\varsigma : \&c.$$

Car de promettre vne facilité & vne fimple
inftruction & faire du contraire ? eft imiter ce
Poëte, duquel l'obfcurité eft fi grande, que S.
Hierofme a confeffé ingenuëment ne l'entendre.
Mais pour fuir donc cefte faute auec fuccintes
paroles & nuës, ie vous diray comme il faut pro-
ceder en la cognoiffance de cefte fçience. Celuy
qui voudra eftre inftruit, me pourroit demander
laquelle des deux mains il faut prendre & recognoiftre les lignes & marques, nous luy dirons &
luy donnons pour vray & affeuré document que
ceft la Seneftre, bien que l'on peut voir toutes

es deux, puisque en l'vne la longueur des iours
st recogneuë, & en l'autre les richesses & l'hon-
eur, comme dict le sage. Mais où le Chiromen-
ien doit poser le fondement de ses predictions,
st à la Seneftre, icelle tendante au cœur, & est
egie de Iupiter & luy est dediée. Par cefte main,
dit Auicenne, & le poux de ce bras, le Medecin
doibt recognoiftre l'eftat du malade, toutes les
veines & lignes, tant de cefte main, que de ce
bras, vont aux parties les plus nobles du corps, &
particulierement au cœur, qui eft le lieu & fiege
de tous les defirs, affections, & concupifcences,
d'où procedent les conceptions de toutes nos
actions. Les Anatomiftes, qui ont recogneu au
corps humain 248. ou 309. felon Paré, os, & 520.
mufcles, qui l'ont diuifé & departie en fept, pour
les fept planettes ont donné ceux de cefte main &
du bras iufques fur le cœur a cefte planette iouial-
e, & Galien donne la raifon de cela, difant que
c'eft en tant que le cœur, magazin & arfenac de
la vie, que felon fa difpofition les autres membres font regis, & qu'il donne plus de notice des
paffions en cefte main, qu'en l'autre, luy eftant
plus proche. C'eft pourquoy le Chiromentien,
ou celuy qui veut cognoiftre quelque chofe en
cefte fcience, pofera du tout ces iugemens fur cefte main, qu'il regardera pofément, & recognoi-
ftra la difpofition des lignes, leurs affiettes, leurs
accidens & couleurs, bien qu'il peut bien auffi regarder la dextre, & particulierement la Reftrainte
qui eft le lieu de vie, & d'ou on recognoift les ans,
& les maladies qui peuuent arriuer & en icelle
main tu n'y rechercheras rien d'auantage.

# CE QVI EST REQVIS DE
## fçauoir au Chiromentien.

### CHAP. V.

Hippocrate Prince de la Medecine dit, que le Medecin ne peut eftre de tout point accōply en fon art, qu'il n'aye la cognoiffance de l'Aftrologie, de mefme ie diray du Chiromentien qu'il n'eft parfaict & accōply, s'il n'a l'art de la Phifiognomie, laquelle Phifiognomie eft: *Scientia qua natura hominum ex aſpectu corporis iudicatur* ἀπὸ ὖ φυσιογνωμόνϵιν, *ex facie addininare & per natura indicia cognoſcere.* Ou autrement pour la faire entendre & definir apertement; c'eft vne fçience par laquelle on recognoift plainement les conditions des hommes & leurs temperamens, par les traicts & coniectures de leurs vifages. Elle confifte en deux chofes: c'eft affauoir, complexion & compofition du corps humain, qui declarent & mōnftrent manifeftement les chofes qui font en l'homme par dedans, par les fignes exterieurs, comme par la couleur, par la ftature, par la compofition des membres & figures. Ces deux fçiences font tellement ioinctes & coadunés qu'elles ne marchēt l'vne fans l'autre, & faifant profeffion de l'vne fans la cognoiffance de l'autre, c'eft chofe inutile: ces fçiences font ioinctes enfemble, par les anciens mefme. Le Satyrique Iuuenal

*ſpatium*

*———ſpatium luſtrabit vtrumque*
*Metarum & ſorteis ducet ,frontémque, manúmque*
*Præbebit fati crebrum poppyſma roganti.*

Et toutefois quand il depeint ſon Zoilie Næ-
üole, c'eſt par les mauuaiſes taches & ſignes de
ſon corps , & non de celles de la main : car il n'eſt
permis à tous Chiromentiens de voir les mains
d'vn chacun: & diſoit de ce Zoilus,

*——— ——— ——— triſtis*
*Occurras fronte obducta, ceu Marſya victus,*
*Poſt.*
*——— vultus grauis , horrida ſicca*
*Sylua coma , nullus tota nitor in cute , qualem*
*Præſtabat calidi circumlita faſcia viſci,*
*Sed fruticante pilo neglecta , & ſqualida crura.*
*&c.*

Homere au 2. de l'Iliade , & au 18. de l'Odiſſée,
il deſcrit Therſite &Irus meſchants& meſdiſants,
par les linamens & compoſition de leurs corps.
En voila la deſcription ſelon la traduction Salel
du premier.

*——— Car ſembloit que Nature*
*Euſt tranaillé à forger ſa laidure.*
*Il eſtoit louſche, & boiteux, & boſſu,*
*La teſte aguë, & le corps mal oſſu,*
*Bien peu de poil, tres-longue & large oreille,*
*En ſomme laid, tant que c'eſtoit merueille.*

Pour le ſecond il le depeint ſans beauté, &
eſtoit grand & laſche, & tel que Lucian repreſente ſon Happelopin. Car la grandeur des corps di-
minuë le courage, ce dit Ariſtote, & l'ame ſuiuit

D

l'habit du corps, c'est à dire les signes : Aussi au contraire se Poëte represente Achille & Vlysse d'vne moyenne taille, & par consequent courageux.

Par la Physionomie les humeurs & l'interieur de l'ame se cognoist si veritablement, que Socrates Philosophe de probité, duquel l'Oracle à tesmoigné mesme icelle disant,

Ἀνδρῶν ἁπάντων Σωκράτης σοφώτατος. C. qu'il estoit le plus iuste des hommes, toutesfois descrit par sa Physionomie ( par vn Philosophe entendu à icelle science ) estre le plus ord & sale de tous les viuans , & totalement perdu par sa paillardise, & luxure. Ses Disciples s'en voulurent mocquer, & dirent qu'il auoit faulcement menty. Socrate les reprist & leur dit : Mes amis ces choses me sont naturellement venuës, mais i'ay corrigé les vices de ma nature, par la reigle de la raison: Voulant dire que les imperfections que nous auons de nature, peuuent estre amendées par la vertu , & que l'homme peut resister & contrarier en quelque façon contre la destinée: Lors qu'il est sage & qu'il attrempe son mauuais fatal par le syrop de la peine, ou vergongne future. Vne Histoire sur ce subiet, extraite du docte Pasquier en ces Recherches de la France, qu'il dit que du regne de Louis XII. le Duc de Nemours nepueu dudit Roy, estoit son Lieutenant general en tous les pays de delà les Monts : Comme il estoit en deliberation de liurer vne bataille à l'Espagnol, enuiron les iours de ceste bataille se trouua à Carpy auec la pluspart de ses Capitaines. Le Seigneur de ceste ville s'appelloit Albert Mirandula, tres-

fçauant perfonnage coufin germain du grand
Picus Mirandula: Ce Seigneur en l'entretien de fe
Prince & Capitaines, mift en auant vn Aftrologue
iudiciaire qu'il auoit, homme fort expert en cefte
fcience, qui eftoit pour lors aagé de foixante ans,
lequel fe rendoit admirable en fes predictions:
Lequel à la priere du Duc de Nemours fut en-
uoyé querir; auquel fi toft qu'il fut arriué ce Duc
luy prefenta fa main, & apres plufieurs paroles de
curialité, luy dit qu'il donneroit la bataille contre
le Vice-Roy de Naples, & les Efpagnols, & qu'il
remporteroit la victoire, mais il aduertit les Sieurs
de la Paliffe & de Bayard de prendre garde à luy,
car il y feroit tué à icelle bataille. Il dift aufdits
Sieurs le futur & tout ce qu'il leur arriueroit: particulierement il dit à vn aduenturier nommé Iacquin Caumont, qui portoit vne Enfeigne aux
bandes du Capitaine Molart, qu'il luy auoit fait
quelque iniure, luy dit qu'il feroit pendu dans
trois mois, ce qui arriua : Et à tous ceux à qui dit
leur fortunes, arriuerent comme il auoit dit, & re-
gardoit fe qu'il faut notter au vifage & à la main,
comme le dit le fieur Pafquer, & toutesfois il ne
regarda la main de Iacquin indigné contre luy,
mais feulement par l'afpect de fon vifage. Ce
que H. Sanurenda bon religieux, reuela les ad-
uentures à Charles VIII, Roy de France, auffi
par fa Phyficnomie, & luy dit le fuccez de fon
voyage & retour du Royaume de Naples, ce qui
rendit ledit Sanurenda fufpect du Pape. C'eft
pourquoy fans m'arrefter d'auantage à tous ces
difcours & hiftoires que le Lecteur verra s'il luy
plaift, dans les Authcurs cy alleguez : Mais diray

pour conclufion & pour m'acheminer prompte-
ment fans prolixité à mon Inftruction, que nul
ne peut bien rien predire & inger en la fcience
Chiromentique fans la Phyfionomie. C'eft pourquoy i'en donneray icy vn Epitome ou rabregé
pour inftruction, & eftant neceffaire.

---

# EPITOME OV RABREGÉ
## de la Phyfionomie.

### CHAP. VI.

LEs Hebrieux ont eu en recommandation
cefte fcience de Phyfionomie, & l'efcriture
vous defpeint & defcrit la Phyfionomie de
Iacob, Moyfe, Dauid, Abfalon, Ionathas & de
plufieurs autres: Les Compilateurs du Talmud
en ont fait vn traicté, tant de la Chiromentie que
Phyfiognomie, nommé, ידים מסכת , *Maffecheth
Iadain*, c'eft à dire, Le Traicté des mains: où la
ils diftinguent la Phyfiognomie de la Metopof-
copie, qui n'eft toutesfois vne parcelle de la Phyfiognomie; ce que les Grecs ont bien entendu difant, μετωπόσκοπος ἀπὸ ὃ μετῶ πϒ καὶ ἐπίσκο-
πεῖν.j.Science par laquelle on cognoift les chofes
futures, par le regard où afpect du front. Ces
Grecs comprenoient auffi Vmblicometrie, &
plufieurs autres, mais pour la Phyfiognomie, ils
la pofent felon cefte figure.

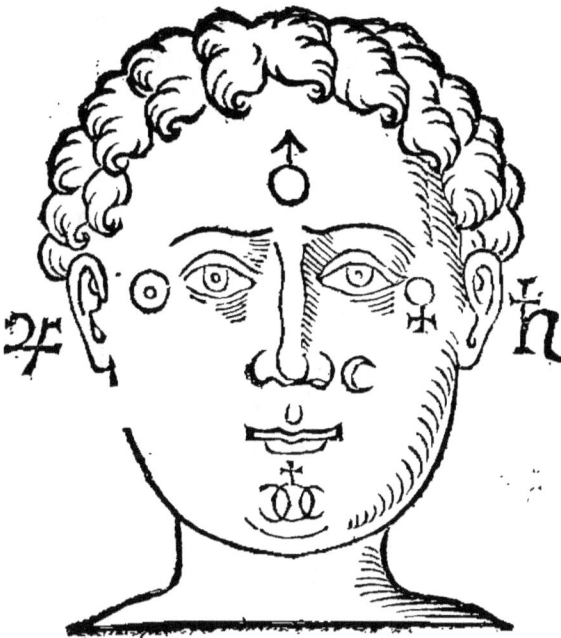

Et pour la reprefenter plus naïfuement, le tout
eft pofé en cefte maniere ,

| | | |
|---|---|---|
| Le front , | | Mars. |
| L'œil dextre, | | Sol. |
| L'œil feneftre, | | Venus. |
| L'oreille dextre, | a | Iupiter. |
| L'oreille feneftre, | | Saturne. |
| Le nez, | | Luna. |
| La bouche, | | Mercure. |

Et pour les fignes du Zodiaque fur la face, ils
font ainfi attribuez, accommodez & pofez.

D iij

| | | |
|---|---|---|
| ♋ Cancer | ⎧ | au Front le *zenit* |
| ♌ Leo | | en la Sourcille dextre. |
| ♍ Virgo | | en la Ioüë dextre. |
| ♎ Libra | | en l'Oreille dextre. |
| ♏ Scorpius | ⎫ | |
| ♐ Sagitarius | ⎭ | à l'œil dextre. |
| ♑ Capricornus | | au menton qui est le Nadir. |
| ♒ Aquarius | | à la Ioüë senestre. |
| ♓ Pisces | | en la Sourcille senestre. |
| ♈ Aries | | à l'Oreille senestre. |
| ♉ Taurus | | la Sourcille senestre. |
| ♊ Gemini | ⎩ | l'œil senestre. |

Ainsi les Grecs & Latins les ont ordonnez & constituez: mais pour abreger voyons en les regles.

## POVR LE FRONT.

1. Le front grandement esleué en rondeur est loüé, se rapportant aux autres dimensions de la teste, signifie l'homme liberal, ioyeux, traictable auec tous.

2. Le large sans rondeur, signifie l'homme colere, tenant de la planette qui est situće, il est aussi fallacieux, comme estoit Vlysses.

3. Le front petit destroite partie, s'il est ridé ou refrongné, & enfoncé en baissant, au milieu, c'est signe de cruauté, laquelle est ioincte auec deux bonnes vertus, c'est assauoir magnanimité, & fort entendement.

4. Le front sans poil ny ride, denote vn asseu-rémenteur.

. Le front long grandement, & haut en ron-
eur, signifie estre simple, debile & tout inno-
ent.

## LES YEVX.

Les yeux nous donnent à cognoistre la bonté,
u mauuaistié des personnes, c'est pourquoy Ho-
nere appelle Minerue la fille aux yeux bleux, &
Venus aux yeux noirs ἄχων ἑλικά πιδὰ, pour
eprefenter en l'vne la prudence, & à l'autre la
uxure. C'est pourquoy on donne l'œil feneftre à
Venus : car s'il est brillant & prompt au mouue-
nent des cilies aux femmes, grande auidité du
neftier de Venus, & si celle femme est oliuaftre,
ou iaunaftre auec ses yeux noirs, comme est dite
Venus de Hefiode, Διαχευσίω Αφροδίζας. Ny
recherchez aucune pudicité.

1.  Les yeux grands & gros, signifient l'homme
parefleux, audacieux & menteur, & d'vn efprit
lourd & infipide.

2.  Les yeux de diuerfes couleurs, & principalement le dextre, qui est donné au Soleil, signifie
& denote vn homme agité de diuerfes paffions &
d'opinions, principalement en matiere de Religion, l'on dit que Michel Seruet les auoit tels.

3.  Les yeux profonds & abfcons en la tefte, c'est
à dire, cauez, denotent vn grand efprit, plain de
doutes; s'ils font verds, signifient vn fçauoir admirable, toutesfois accompagné de malice, luxure
& enuie; s'ils font roux, recognoift la nature du
chat.

4.  Les yeux fort eminents & apparents de cou-

leurveronne, signifient estre homme simple, idiot
& prodigue.

5.   Les yeux aguz & bien regardants, & qui de-
clinent posément leurs sourcils, denotent homme decepteur, secret & sans Loy.

6.   Les yeux petits comme taupes ou porc, signifient debilité d'esprit & propre à faire vn cocu,
credulle à tout ce que l'on luy dit.

7.   Celuy qui a les yeux obliques & de trauers,
donnes-en toy de garde, car de cent il ne s'en
trouue peu de fidelles.

8.   Les yeux qui s'emeuuent grandement, & a
tard regardants, mais agument toutesfois auecques la reclination de la chair des sourcils, signifient homme paresseux, infidelle & rioteux.

9.   Les pires de tous sont les iaunatres, citrins &
fards, & d'iceux donne toy garde, & de ceux qui
guinent en parlant à toy : car ceux qui ont de tels
yeux sont de double ame : & si c'est vne femme
qui face cela de l'œil senestre, garde toy pour la
fidelité d'amour, & prens garde ou elle iette ces
œillades.

## DV IVGEMENT DV NEZ.

Les Grecs ont appellé le nez Pῖν, à cause que
par iceluy fluent les excrements des ventricules
du cerueau. C'est pourquoy nous le donnons à la
Lune, comme estant plus proche de la terre, &
par ces influences nous donne & fait euaporer
mille exhalations ça bas,

——— *le Nez est la goutiere*

*Par qui les excrements de pesante matiere,*
*S'evacuent en bas, &c.*

dit du Bartas, la comparent à la Lune. Pour ces
Predictions nous disons, le long nez estre d'vn
esprit vain & non conuerable au mestier de Venus : bien qu'il y a vn Prouerbe qui dise :

*Ad formam nasi cognoscitur ad te leuaui.*

Sur lequel autrefois me donnant plaisir i'ay fait
ce distique ou Epigarme en la loüange d'vn de ces
nez, à l'imitation de Martial :

*Cui longus est, & pendulus nasus viri*
*Pendentem habet longamque valde mentulam.*

1.   Les Perses ont grademement estimé ceux qui ont
eu le nez long & croche : Leur Roy Xerxes, selon
les tesmoignages de Xenophon & de Plutarque,
auoit le nez long : & iusques à present ils ne donnent leur Royauté à d'autres qu'à ces lógs nez, &
les longs nez sont hereditaires en la race de Syach
Ysmail Sophy , & se plaisent à ces longs nez
comme les Ameriquains ou Brisiliens, auoir le
nez camus, estant ( comme ils estiment ) vne des
parties de la beauté.

2.   Quand le nez est camus, il denote l'homme
estre impetueux, vain, mensonger & grandement
paillard, tost croyant à autruy. Si la fille est ca-
muse & qu'elle ave les yeux noirs & estincelants,
croy, selon le dire d'Euripide, qu'elle n'est pas
pucelle : De ceste Physionomie pour les trouuer
pucelles, il les faut prendre au berceau.

3.   Qui a le nez gros, de toutes parties long &

E

pendant, il est conuoiteux de toutes choses belles, simple en ses biens, en ses maux sage, & secret : mais il est moqueur des actions d'autruy & Satyrique. Tel estoit Horace, comme dit Perse, ainsi qu'il le descrit en ces vers,

*Omne vafer vitium ridenti Flaccus amico*
*Tangit, & admissus circum præcordia ludit*
*Callidus excusso populum suspendere naso.*

4. L'homme qui a le nez au milieu esleué, & se baisse & decline à sa summité est variable, de cruelle fortune, & douteux de ses plus proches. Louis XI. l'auoit tel comme nous le represente Commines.

5. Quand le nez est tors, & courbe, & longuet, signifie vn homme superbe, enuieux & addonné au vin, seducteur, glorieux : La fin de celuy ou de celle qui a tel nez, n'est iamais bonne, mais est menacée de Iustice.

6. Le nez fort rond és extremitez & auec petites narines signifie & denote l'homme estre orgueilleux, trop croyant, fidelle, & vain. Et la femme qui a tel nez, est impudique & meschante.

7. Le nez qui est de sa qualité rouge, signifie l'homme estre hepatique, & de gros nourrissement & esprit, qui n'est pas amateur de tisarie, mais est propre à faire vn Sergent, s'il l'a a demy plombé, & entrelacé de rouge vaines, il aura vne soif inextinguible ayant le foye chaud, & sera fort subiet à vne maladie dite morphée.

8. Le nez qui est gros conuenablement de toutes parts, & dessus plain auec des verus & rouge

fignifie vn homme ioyeux & pacifique, lequel n'eſt iamais ſans ſoif: Il eſt propre à faire vn Bacchus pour trinquer à tous moments, ou bien vne Menades Preſtreſſe de Bacchus. Ces hommes ont eſté tenus bons gautiers par Cæſar, & n'auoit deffy de tels perſonnages, comme non malicieux.

9. Celuy qui a le nez à la pointe ou deſſus vn peu velu, & a du poil deſlus, ſignifie l'homme eſtre du tout ſimple, d'où vient l'Adage. Il eſt bon homme, il a le nez pelu.

10. La femme qui a le nez treti, comme dit vn Poëte,

*Nez rondement longüet d'vn porfil deleƈtable:*

Outre que c'eſt vne des perfections de la beauté, denote la femme ou fille eſtre ſage, prudente & chaſte, & particulierement quand elle a l'œil bleu. Pour finir ce chapitre, il faut noter ceſte cognoiſſance & ſecret, extraiƈt de la Magie naturelle de Iean Baptiſte Porta Neapolitain, duquel parle auſſi Indagine; que pour cognoiſtre ſi vn ieune fils ou fille ſont corrompus en leur corps, qu'il faut ſçauoir (cela eſtant principalement cogneu par le nez) ſi le cartilage qui eſt au bout du nez ſe permet trancher, ou qu'il ſoit ſeparé de l'os, c'eſt ſigne que l'enfant eſt corrompu & la fille auſſi: Cela ſe peut auſſi recognoiſtre pour la fille à la veine qui eſt ſur le front, dite *Preparata.*

E ij

---

# DE LA BOUCHE, DES
## Oreilles, & de la Face en general.

### CHAP. VII.

L A Bouche eſt vne partie de grand vſage: c'eſt la voye principale de la nourriture du corps, commune & publique pour fournir à l'eſtomach ce qu'il diſtribuë dextrement aux autres membres, c'eſt en ſomme comme dit Galien, le premier principe de l'aliment. Et comme par boüillir & roſtir, on prepare ce qui entre en la bouche: auſſi la bouche appreſte ce qui entre en l'eſtomach: car il commence deſia à ſe faire quelque cuiſſon des viandes en la bouche, laquelle change manifeſtement les viandes, & leur donne comme le premier feu, ſans toutesfois les tranſmuer en perfection. D'auantage la bouche eſt le principe du ſouffle & de la reſpiration: en tant qu'elle hume, attire & reçoit dedans ſoy l'air qui monte puis apres partie au cerueau, partie deſcend par les poulmons au cœur.

La bouche eſt principalle organe de la voix.

La bouche ſert à purger le cerueau & l'eſtomach & les autres parties adiacentes.

Mais ſans m'arreſter à loüanger d'auantage la bouche, laiſſant cela à vn Anatomiſte, & n'eſtant de mon ſubiet: Traictons des predictions d'icelle.

## DE LA BOVCHE.

1. Doncques l'homme qui a la bouche grande & large, denote qu'il est sans honte, grand bauard & mensonger, grand porteur de fauses nouuelles, grandement fol, impudent, toutefois courageux, mais perfide : Les noirs y sont subiets, approchant de la nature des Æthiopiens. Indagine & Corue disent, qu'ils ne furēt iamais trompez en ce signe.

2. Au contraire, la petite bouche signifie que l'hôme ou la femme est pacifique, fidelle, timide, eloquent, plain de sagesse & doctrine, & peu mangeant: ou l'autre est grand gourmand. On dit que le grand gourmand Apicius estoit tel.

3. Ceux qui ont les leures grosses ( car il faut qu'ils marchent auec la bouche, estant vne des parties ) signifient l'homme plus simple que sage, qui croit legerement tout ce que l'on luy dit, & est excessif en toutes choses: Et les femmes sont voraces & subiettes au vin, & par consequent à luxure.

4. Ceux qui ont les leures subtiles, petites, & deliées, sont elquents, grands jaseurs, plains de prouidence ayant bon esprit : Et ceux qui ont les leures bien colorées & vn peu grosses, cela leur signifie qu'ils sont fidelles & addonnez à toute vertu fuyuans le vice.

5. Qui a vne leure plus grosse que l'autre, denote & demonstre l'homme estre sans esprit, tard à comprendre, & plustost addonné en follie que sagesse. C'est assez discouru de la bouche, traictons des Oreilles, seconde partie de ce chapitre.

E iij

## DES OREILLES.

Les Oreilles font les organes & inftrumens du fens auditif, compofées de cuir, de peu de chair, de cartilages, veines, arteres & nerfs: pliées & tortillées fans aucune incommodité, pource qu'elles obeïffent à ce qu'on met deffus : Ce qui euft efté incommode, fi elles euffent efté oifeufes. Ceux qui voudront fçauoir d'auantage pour l'Anathomie, lifent Paré & Corter, ie me contenteray de cecy, n'eftant mon fubiet en cefte fimple inftruction ; mais feulement ie diray ces quatre reigles neceffaires à noftre fcience Phyfionomique.

1. Les grandes & groffes Oreilles, fignifient que l'homme eft fimple, tenāt de la nature de l'Afne, telles que les auoit Midas Roy de Phrygie. Il eft gros d'efprit, pareffeux de mauuaife memoire.

2. Les Oreilles petites, denotent l'efprit bon, il faut prendre garde que ne foit pas de ces oreilles qui petites font difformes, qui arriuent aux hommes auffi bien qu'aux moutons, que l'on appelle pour cefte raifon Mounets: Car telles oreilles fignifient toute mefchanceté & malice.

3. Mais pour ceux qui les ont bien proportionnées, demonftre auoir bon entendement, fapience, difcretion, honnefteté, honte, & courage.

4. Ceux qui ont les Oreilles aucunement longues, font audacieux, fans vergongne, non fçauants, gourmands & paillards. Voila tout ce qui fe peut recognoiftre pour les Oreilles. Parlons pour conclufion de ce chapitre de la face en general.

## DE LA FACE.

1. La face grandement charnuë, fignifie homme timide, ioyeux, large, difcret, luxurieux, bien loyal à autruy, d'importune volonté, mais prefomptueux.

2. La face qui eft maigre, fignifie homme eftre fage, de bon entendement, plus cruel que mifericordieux.

3. La face ronde & fort diminuee, denote l'homme eftre fimple, debile, & mauuaife memoire.

4. Qui a la face longue & maigre eft audacieux & en faict, & en paroles, il eft rioteux, iniurieux & luxurieux.

5. Qui a la face large & efpeffe, il eft lourd d'efprit & glorieux.

6. Celuy qui a la face pafle en couleur, eft mal fain & a opilation de ratelle.

7. Celuy qu'il l'a vermeille eft bon, fage & capable de toutes bonnes chofes.

8. Celuy qu'il l'a blanche, feminine, molle, & froide, il eft mol & effeminé, cefte couleur eft fort feante aux femmes : car ils font de bonne nature, mais aptes aux mafles.

9. La couleur rouge de la face, demonftre (felon le prouerbe) chaude complexion.

10. La couleur violette, ou plombee, fignifie l'homme mefchant & Saturnien, qui ne faict que machiner trahifons & entreprifes pernicieufes, telle l'auoit Brute & Caffie, & auffi Neron. C'eft affez de cecy parlons des humeurs.

# DES QVATRE HVMEVRS
## ou temperamens de l'homme.

### CHAPITRE VIII.

LES Hebrieux portez en de profondes medi-
tations en leur Ghematrie, attribuent choses hautes & secrettes au quartenaire, ce
que Pythagore, qui auoit vn peu succé le laict de
leur eschole, auoit remarqué ce nombre, comme
tres mysterieux, l'appellant *Tetractyn*, & leur
plus grand & solemnel serment estoit par icelluy
nombre, comme il se void en ces vers,

*Iuro ego per sanctum pura tibi mente Quaternum*
*Æternæ fontem naturæ animique parentem.*

Or la raison pourquoy les Hebrieux veneroient
ce nombre, estoit en l'occasion que Dieu s'estoit
apparu a eux en ce nom יהוה, quadrilettre, lequel a esté tant veneré, que nulle nation ne la
voulu traduire en son idiome ny langue naturelle,
sans luy donner quatre lettres, pour correspondre
aux Hebraïques, comme les Ægyptiens, Arabes,
Perses, Mages, Mahumetistes, Grecs, Tusces,
Latins, François, Italiens, Espagnols. &c. C'est
assauoir en ceste sorte, THEVT, ALLA, SIRE, ORSI,
ABDI, ΘΕΟΣ, ESAR, DEVS, DIEV, DIOS, &c.
Aux quatre lettres du nom de DIEV, les Mecro-
balites Hebrieux comprenoient cetout, tant le
                                              monde

monde Celeste, qu'Elementaire, & au secret de leur Ghematrie posoient ainsi leur table.

| Iod, | He, | Vau, | He, |
|---|---|---|---|
| **י** | **ה** | **ו** | **ה** |
| **אש** | **רוח** | **מים** | **עפר** |
| le Feu, | l'Air, | l'Eau, | la Terre, |
| **מיכאל** | **רפאל** | **גביאל** | **אוריאל** |
| Michael, | Raphael, | Gabriel, | Vriel, |
| Cholere, | Sang, | Pituite, | Melancholie. |

*Monde Elementaire.* / *Monde Celeste.* / *Monde Rabregé.*

Ces mondes ainsi posez, nous representent ce que pourrions rechercher pour le plus secret d'iceux: Car ce grand monde dit des Grecs μεγακόσμος, composé de ce premier nombre, est des quatre Elemens: Le second selon le R. Ioseph des quatre Anges principaux: Et le troisiesme monde, des quatre temperamens ou humeurs qui composent ce Microcosme ou petit monde (qui est le corps humain.)

1. Donc d'icelles complexions nous en tirons pour la cognoissance Physionomique, que l'humeur chaude ou cholerique, desseche l'homme, n'empesche son accroissement, mais sans force corporelle, & triste en presque toutes ses actions.

2. L'humeur sanguine ou aërienne, fait croistre

le corps auec vne beauté de face & graiſſe : n'a changement en ſes infortunes.

3. La complexion humide, ou ſelon la nature de l'eau ou pituite, fait les corps mols & de petite force, ils ſont paoureux & timides : Ils ne dorment profondement, mais ſont eſueillez à la gaillardiſe.

4. L'humeur melancholique, fait que le corps croiſt tard, mais l'eſprit grandement : & ſont ces hommes dignes de grandes ſpeculations, (ſans fidelité toutefois ) car de tels hommes ne penſent en la verité, quand ils penſent faire plaiſir à leurs plus obligez, mais à ce qu'ils ont imaginé. Ie n'en diray d'auantage pour la Phyſionomie, ces regles cy deſſus dites, eſtant aſſez capables à qui voudra comprendre cet Art, ſans vne plus longue inſtruction : & que le deſireux d'apprendre les liſe. Et pourſuiuant nos regles, parlons de la Chiromětie.

# DES PREDICTIONS
## des mains en general.

## CHAP. IX.

Vous auez recogneu cy deſſus les ſept lignes de la main correſpondantes aux ſept montagnes, ou ſept Planettes : Il faut ſçauoir du preſent les iugemens qu'il en faut tirer, afin que la prolixité n'apporte ennuy à perſonne, & que facillement chacun en ſoit inſtruict : Et commencerons à la Reſtrainte.

1. Quand il y a quatre lignes à la Reſtrainte ſemblables & bien colorées, elles ſignifient que celuy
qui a telles lignes, viuera iuſques en l'aage de 80.
ou 100. années : mais s'il ſe trouue deux petits rameaux deſſus faiſant vn anglet agu , cela denotte
que l'homme ſuccedera à vn heritage par la mort
d'autruy , & en ſa vieilleſſe il ſera erigé aux hon-
neürs ſelon ſa capacité, il ſera fort diſpos & ſain.

2. Quand il n'y aura que trois lignes en la Reſtrainte , & qui ſeront ſuperieures & larges , c'eſt
60. ans pour la vie, mais abondante en biens en
ieuneſſe , & en cet aage pauureté. Si la premiere
ligne eſt eſpeſſe, la ſeconde ſubtile , & la tierce
petite, cela demonſtre & fait recognoiſtre, que le
premier aage la richeſſe ; la ſecōde la diminution;
la tierce augmentation.

3. Quand il n'y a que deux lignes, c'eſt la vie ter-
minée à 50. ans pour le plus , auec maladies.

4. En auoir vne, eſt & ſignifie vne mort prochai-
ne: Mais quand la premiere ligne de la Reſtrainte
eſt tortueuſe, & les autres enſuiuantes ſont con-
tinuës auec vn droit angle & continué ; ſera de-
monſtré de la debilité aux choſes temporelles.

5. Si vous trouuez les lignes eſparſes en la Reſtrainte, elles repreſentent l'homme de peu d'eſprit, mais aſſez de courage, qui viuera iuſques
a 40. ans pour le plus.

6. Si celuy auquel en ſa Reſtrainte il ſera trouué
des trauerſes , garde la Iuſtice.

## LA LIGNE DE VIE.

1. Lors que la ligne de vie ſera bien diſpoſée par
bonne proportion & de bonne couleur, bien reſ-

pondante à la Reſtrainte : cela aſſeure d'vne vie longue & aſſeurée, mais il faut noter s'il ſe trou-ue quelque Eſtoille dont les rayons tendās ſoient ſur la mōtagne de Venus, de Iupiter, ou de Mars, &c. ſignifie vne infortune à celuy qui a telle mar-que ou Eſtoille, ſoit d'amour ou de l'honneur, ou en la guerre, &c. Et faut prendre garde en quel mois cela pourra arriuer, par les ſignes du Zodia-que poſez en la main.

2.    Celuy à qui ſe trouuera vne double ligne de vie, il ſe peut aſſeurer de longues années, & fort fortunées, qu'il ſera en l'affection des Roys & Princes : Et ſi vn Roy ou Prince à telle ligne de vie, qui s'aſſeure d'aller à la guerre hardiment, car il ſera victorieux ſans aucune infortune, & accroiſtera ſon Royaume & pays par ſa force & vertu.

3. Si c'eſt vne femme, qu'elle s'aſſeure de fortune, & qu'elle ſera grandement aymée de ſon mary ; ſi elle eſt impudique, les grands l'aymeront ardem-ment : Lays & Flora auoient celle ligne ſembla-ble.

4.    Quand ſera la main vn peuéſpeſſe au faix d'i-celle, & puis aupres eſtēduë, elle ſignifiera l'hom-me muable & de mauuaiſe vie, s'il n'eſt aydé du triangle de Mars, & ſelon la bonté ou malice du triangle, ie tiens ſa vie en lice. Celuy qui aura ceſte ligne de vie liuide ou bleſme, qui eſt comme couleur de plomb, demonſtre vne fureur qui fera abreger la vie : ſi elle eſt grandement rouge re-preſente vne vie temperée. Prends garde aux croix, lignes, ou eſtoilles, qui ſe reucontrent en ceſte ligne, & te ſouuiens de leur ſignification, le

cœur gouuerne cefte ligne & refpond en la veine
Bafilique. Si fe fermant entre les monts de Venus
& de Iupiter, il y a des rameaux; c'eft figne de
perfection, de richeffes en fa vie auec honneurs:
mais s'il fe trouue vne eftoille, garde les maladies,
& principalement au vieil aage. Prends garde le
ong de cefte ligne s'il n'y a point de lignes tra-
ierfantes, car font infortunes.

Bref cefte ligne ne fignifie & par icelle nous ne
pouuons rien apprendre que pour la vie & fa longueur, & dure auec la Reftrainte.

1. Toutefois curieux, remarque encore ces deux
regles, qui font tres veritables : La premiere,
Quand trois eftoilles feront trouuées dedans ce-
te ligne, elles fignifient que l'homme fera calom-
nié & vituperé, à caufe des femmes, & odieux aux
grands.

2. S'il fe trouue des croix, il fera aymé des fem-
nes, & fera fortune auec icelles, mais en danger
le fa vie que luy caufera ce deduit.

## LA LIGNE MENSALE.

Les Latins appellent vne table *Menfa*, de laquelle diction cefte ligne eft nommée : & auffi
que nous appellons table l'efpace qui eft entre
cefte ligne & la moyenne, naturelle. Cefte ligne
refpond au chef auec la moyenne. Au chef eft
e magafin des fens & perfections de l'homme,
comme la fantaifie, le fens commun, l'imagina-
ion, la cogitatiue, eftimatiue & memoire: Il faut
çauoir que de cefte ligne nous tirons vne partie
le nos iugemés. Comme fi elle eft eftendue outre

la moitié de la montagne de Iupiter, c'eſt ſigne
d'vn eſprit violent & vehement. Il faut noter &
remarquer:qu'en icelle ligne, deſpend vne moitié
de toute noſtre Chiromence, & la raiſon que ceſte ligne ſuit le long des quatre mõtagnes: car ſi
ſur icelle ſe trouue vne eſtoille, ſoit ſur Iupiter,
Saturne, Sol, & Mercure, ſe font infortunés ; en
Iupiter aux richeſſes, en Saturne pour la ſanté, en
Sol en l'honneur, en Mercure pour les ſciences,
s'il ſe trouue vne croix c'eſt vne bonne fortune
tout de meſme.

1.    Celuy qui a ceſte ligne Menſale large & bien
colorée, il eſt ioyeux & fort de courage, mais le
tout procedera de peu d'eſprit.

2.    S'il ſe trouue en ceſte ligne des croix vers le
doigt oriculaire, cela ſignifie que la mort ſuit
celuy qui a telle croix.

3.    Quiconque a en ceſte ligne des lignes trauer-
ſantes, il peut s'aſſeurer d'autant d'afflictions ou
maladies qui prouiendront : mais ſi c'eſt vn ieune
fils ou fille, ce ſera par l'amour. Si ces lignes ou
inciſions ſont du coſté du doigt moyen, cela ſignifie l'homme flateur, & qui ſera trompé en ſa
flaterie pour ſon inconſtance. Si ceſte ligne paſſe
outre le doigt demonſtratif ou indice, cela demonſtre felicité ; mais ſi elle ne paſſe, garde la
pauureté, & à la femme la deſbauche portée de
volupté.

## LA LIGNE MOYENNE.

1. Ceſte ligne moyenne naturelle reſpond au chef
commè l'autre, mais celuy qui aura en icelle des

:roix, il fe peut affeurer qu'il fera fortuné en ri-
:heffes, mais fera grand menteur, & vn vray tor-
ent de fottes paroles, toutefois blandiffantes.
Autant de lignes qui feront entre la Menfale &
:efte ligne, autant de maladies font fignées au
 remier aage, mais elles ne feront pas mortelles.
:t quãt les lignes finiffantes pres le doigt moyen,
 lles fignifieront que ces maladies viendront en la
 econde aage. Si elles vont iufques au doigt indi-
e, elles fignifient que ces maladies viendront en
 a vieilleffe, & à la premicre, garde la mort. Si en
 ne d'icelles fe trouue vne demie-croix ou qu'elle
 oit branchuë, s'il y a vn rameau qui vienne de la
 Menfale & qu'il la trauerfe allant vers le doigt
 dice, & l'autre vers le moyen, & fera mouffe &
 btufe, elle demonftre & fait voir l'homme eftre
 e fortune, & qu'il acquerra par fon propre la-
 eur.

. Quãd la ligne de la Vie & la Menfale font con-
 oinctes & font vn anglet, & la Moyenne n'eft
 rouuée, l'homme fera cruel de courage & be-
 :ial, & luy fera eminent le peril de la mort, iuf-
 ues au trentiefme an de fon aage, & aura difcord
 uec fon pere ou mere, ou auec fa femme; il eft
 nenacé auffi de defefpoir, & fi au lieu de cefte li-
 ne Moyenne il a quelque eftoille, garde icelui
 : gibet : cecy eft recogneu.

. Lors que cefte ligne fera entretranchée & dif-
 ontinuée, & que aucunes fentes l'entretranche-
 ont, homme fuyra les Princes & Seigneurs &
 :urs feruitude, & fouffrira le peril de perdre la
 ie, quand icelles lignes feront paffes.

. Quand tu trouueras aucunes fentes faillantes

de la ligne oriculaire & soient de bonne couleur,
elles signifient battures, & blesseures & prisons.

Pour la ligne de l'Estomach nous n'en parlerós
d'auantage, car elle se refere à celle de Vie.

## DES MAINS.

Mais pour les predictions generalles des mains,
nous dirons, estant les miroërs de l'ame & des affections, ce qu'il nous en semble succinctement,
mais auec toute verité.

1.   Si tu trouue des lignes en la sūmité des doigts,
garde d'estre noyé & submergé en l'eau, & prēds
garde en quel doigt, pour sçauoir le mois que te
pouroit arriuer ceste infortune, afin de la preuoir.

2.   Si tu trouue deux lignes souz la ioincture du
poulce, cela denote de grands heritages & posses-
sions, mais s'il n'y a qu'vne seule ligne; c'est signe
de peu de biens de fortune. Si elles sont ces lignes
grandes & apparentes, homme qui les aura telles,
bien qu'il tiendra auec debats & proces.

3.   Si l'on trouue entre les ioinctures du poulce
deux lignes estenduës & bien vnies, l'homme sera icūeur, mais à cause du ieu, il sera en danger de
la mort: mais si elles sont dis-ioinctes ou flexueu-
ses & tortuës, il sera subiet aux larrós & estre volé.

4.   Si tu rencontre la main qui aye deux lignes
auec elle conioinctes par dedans soubs la derniere
re ioincture du poulce, c'est vn signe du danger
de l'eauë: mais si elles sont pasles, ce denotte a-
uoir esté en la puerilité, ou aduiendra tard: mais
si elles sont par dehors, elles menaceront de dom-
mage fait par feu.

5. La femme qui a des lignes en la racine du poulce fur la montagne de Venus, autant de lignes autant d'enfans qu'elle aura : fi font au cofté dehors, autant d'hommes qui la cognoiftront ou qu'elle efpoufera.

6. Si tu trouue le premier article du poulce, qui aye vne ligne à luy adherant par dedans de la partie du doigt indice, tel qui l'a ainfi fera pendu : Et d'autant plus que ladite ligne reprefente, defcendera de la Menfale : mais fi ladite ligne eft vnie par dehors & non par dedans, c'eft figne de perdre la tefte; & fi elle enuirône tout autour, l'homme fera pendu.

7. Quand la ligne Menfale eft courbée, & chet entre le doigt moyen & l'indice, elle fignifie effufion de fang, comme nous auons dit.

8. Quand tu trouueras le mont du poulce dit & de lignes trauerfantes de la ligne de Vie à iceluy, celuy qui a telle chofe eft luxurieux, & pour cefte caufe, il fera en haine de fes parens & fuperieurs: Mais lors que tu trouueras deux lignes pres de l'ongle belles & apparentes, elles fignifient abondance de biens temporels.

9. La montagne de Venus enflée & haute en la main d'aucun, fignifie luxure & impudicité.

10. Si tu trouue la main qui aye vne fente ou fendaffe auec trois petits rameaux, l'homme qui l'a ainfi fera en hayne des grands, mais il fera grãd diffimulateur; c'eft pourquoy il ne les craindra peu.

11. Si tu trouue la ligne de Vie feparée ou diuifée par la moitié; c'eft que l'homme fera bleffé par glaiue en fon corps.

G

12. Quand tu trouueras la femme qui aye la paulme de la main briefue & les doigts longs; c'eſt ſigne qu'elle enfantera auec douleurs & difficulté, & la cauſe, que les parties neceſſaires ſont petites, car s'en eſt la figure.

13. Quand tu trouueras la main vn peu longue, & les doigts vn peu eſpais; c'eſt ſigne que l'homme ſera lent, tardif, pareſſeux & de flegmatique complexion, toutefois bon & tres modeſte.

14. Lors que tu trouueras la paulme de la main longue, & les doigts de loüable proportion, & non mols au touchement, mais pluſtoſt durs, celuy qui aura telle main ſera ingenieux, mais variable & addonné au larcin, & vicieux.

15. Si tu trouue aucun qui aye la main concaue, ſolide & bien ioincte des articles; c'eſt ſigne de longue vie : mais accompagnée de mauuaiſtié, démonſtre vne brefueté de vie.

16. Celuy qui a la main à la quantité de tout le corps, & les doigts trop cours, & eſpais & gras aux fins d'iceux; cela demonſtre eſtre larron, inſidiateur & de tout mal remply, parangon de vice plus il aura les doigts remplis en leur ſummité.

17. Quand la paulme de la main ſera plus longue que ſa vraye proportion, & les doigts plus gros, d'autant qu'ils ſont plus briefs; c'eſt à dire que l'homme eſt pareſſeux, negligent, fol, & ſuperbe, & d'autant plus ſi la main a la percuſſion plus large.

18. Celuy qui a les mains longues & grandes; cela denotte qu'il eſt liberal, bon, aſtut & de grand eſprit & de bon conſeil, & à ſes amis tres-fidelle.

19. Celuy qui a la main plus brefue qu'il ne doibt

felon la proportion des autres membres eft figne
d'vn grand parleur, & qu'il eft gourmand infatia-
ble, iniurieux, & critique des faits d'autruy.

20. Celuy qui a les doigts de la main tournez
tu doz., il eft ininfte, fubtil, ingenieux, & plus, il
a les doigts offus, comme arides, plus il eft mefchant & s'augmente en tout vice, eftant ennemy
de la vertu. Quand les lignes des ioinctures des
articles feront femblables, donne toy garde de tels
feruiteurs.

21. Celuy qui a les doigts grandement vnis &
adherants, en forte qu'en peine l'air puiffe paffer,
c'eft à noter qu'iceluy eft curieux, & a grand foin
de fes affaires.

22. Quand tu trouueras aucun qui a les doigts
retors au plus haut des articles & tournez en arriere par ordre, comme icy apert, c'eft figne d'enuieux. Indagine & Sauonarole, difent qu'il eft
enuieux : mais c'eft de la vertu, & ennemy ca-
pital du vice.

23. Si tu trouues aucun, duquel les doigts foient
difpers, & plus gros aux articles, & entre iceux
articles foient graifles & fecs, comme eftant la
chair fubftraicte, cela denotte pauureté & mifere,
les hommes de cefte maniere font grands parleurs
& fouffrent pauuretté pour eftre trop fages.

24. Celuy qui a les doigts en forte qu'il les frap-
pe enfemblement, comme s'il vouloit frapper vn
tambour, c'eft figne qu'il eft variable en fes pen-
fees & penfe mal d'autruy.

25. Celuy qui en parlant auec autres gens eft ac-
couftumé a frapper des mains & ne s'en peut ab-
ftenir, il eft imparfaict d'entendement, ayant l'ef-

prit embroiiillé d'affaires, qui luy rendent l'efprit confus.

26. Si tu trouues aucun qui tremble des mains modeftement, quand il les tend pour prendre quelque chofe, cela demonftre qu'il n'eft pas cholere, autres ont cefte infirmité qui vient par l'abondance de Bacchus, c'eft pourquoy il y faut prendre garde.

27. Quand on trouue vn homme, lequel quand il mange ouure la bouche, & la baiffe à la main ou a la viande qu'il tend, il eft glouton & ennemy de tout le monde, & celuy qui en cet action tire fon chappeau fur ces yeux, il eft traiftre & amateur de tout vice, & les fages le fuyent.

La derniere de ces regles eft digne de remarque : car d'icelle defpend la Chironomie ou fçience de la fubtilité des mains : fçience fort neceffaire à ceux qui font profeffion du jeu, donc i'ay bien voulu donner icy la figure, bien que ie ne m'arrefteray point icy à l'efclaircir d'auantage, remettant ce fubiet en mes Mathematiques diuines, ou ie feray voir tous les fecrets de la Steganographie & plufieurs autres qui feront dignes d'eftre admirez.

Voila la figure Chironomique.

Mais ſelon la Chiromence, celuy qui chemine &
qui tient ſes mains fermées de ceſte façon, mou-
iant les bras, il eſt impetueux, grand joüeur, &
'il tient ſon poulce entre ſes autres doigts, il eſt
auaricieux, & ne veut viure que par rapine, grāde-
ment addonné au ieu, qu'il prenne garde s'il ſe
rouue entre les monts de Mars & de la Lune en
à main vne figure qui approche du caractere de
Mercure, qu'il s'addonne hardiment au ieu: car il
ſera fortuné, qu'il ne neglige pas toutefois ceſte
ſubtilité Chironomique par icelle ioincte à ſon
inclination, il arriuera aux plus hautes richeſſes
qui ſe peuuent acquerir par le jeu: Quelques ſu-
perſtitieux font donner des benedictions à telles
figures: mais ie laiſſeray tout cela pour finir ce
premier traicté.

*Fin du traicté de la Chiromence.*

G iij

# QVE C'EST QVE LA
## MEMOIRE ARTIFICIELLE,

### O V

## L'ART DE RAYMOND LVLLE.

### CHAPITRE I.

A memoire Artificielle, n'eſt autre choſe qu'vn art pour aider à la memoire naturelle : car ſans l'vne, l'autre ne peut ſubſiſter : peu profiteroit l'artifice, s'il n'y auoit du naturel ; mais le naturel porté a quelque ſcience ou art, indubitablement l'artifice luy eſt grandement profitable, & par l'artifice on peut abreger ce que par vn long temps & prolixe on acquiert, c'eſt en quoy c'eſt trauaillé grandement Raymond Lulle, homme d'exquiſe erudition pour trouuer la perfection de cet art bref, & memoire artificielle ; laquelle il a trouuée, toutefois nous l'a cachée ſoubs Enigmes & Amphibologies, afin que les doctes ſe donnaſſent du loyſir pour la cognoiſtre & l'acquerir,

mais recognoiſſant que cet art eſtoit neceſſaire à
ceux qui font profeſſion de faire ſermons, haran-
gues, plaidoyers, ou quelque trafic de marchan-
diſe, ie l'ay voulu eſclaircir, & par la main ou
Chiromence l'à faire cognoiſtre & faciliter ſi
grandement, que le plus ſimple encliné en quelque choſe s'y rendra parfaiċt, par l'Alphabet qui
comprend tous les autres que deuons nous imaginer en noſtre main, comme il ſe void en la figure icy apres miſe pour ceſte inſtruction.

Il faut ſçauoir premierement, que les anciens
curieux auant Raymond Lulle la diuiſoient en
deux, ou bien tachoient à l'acquerir en deux manieres: La premiere qui eſtoit fort perilleuſe, qui
eſtoit par medicaments & medecines qu'ils pre-
noient pour purger les plus groſſes humeurs, &
rendre leur eſprit plus net, & par conſequent plus
propre à conceuoir toutes choſes. La ſeconde
methode qu'ils ſuiuoient, eſtoit plus apparen-
te, qu'ils diſoient auoir eſté reuelée au ſage Salo-
mon par le grand Dieu, duquel l'Eſcriture dit
qu'il eut la cognoiſſance de L'yſope iuſques au
Cedre, c'eſt à dire, de toute ſcience. De ceſte
ſcience à eſcrit vn Apollonius, duquel on void vn
traiċté inſeré auec les œuures dé H. Cor. Agrip.
remply d'oraiſons, dont la pluſpart ſont formez
de mots incogneus: Iceluy toutesfois a touché
preſque à la verité; Car à la figure qu'il poſe pour
ſecret, au lieu d'employer מיכאל c. Michaël,
s'il y euſt employé le nom de dix lettres en ceſte
forme, il euſt atteint la perfection.

Car

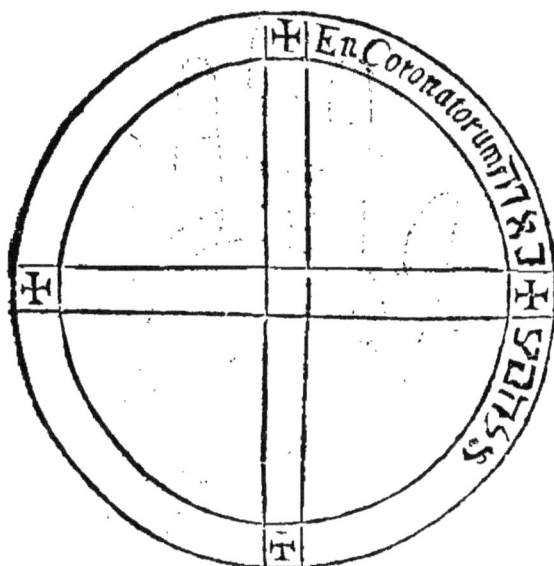

Car ie diray fans rien defguifer, qu'icelle figure y
eft tres neceffaire.

Ie trouue toutefois l'inuention plus facile par
la Chiromence, ayant leu & releu Raymond Lulle & ceux qui l'ont voulu faciliter, comme H.C.
Agrip. Iordanus, Brurius, Altedius, Lauinhetus,
& plufieurs autres, puis qu'ils pofent & fondent
tout cet art en ces dix Lettres qui font   A. B.
C. D. E. F. G. H. I. K.

Ainfi les pofons en la main, afin d'inftruire.


H

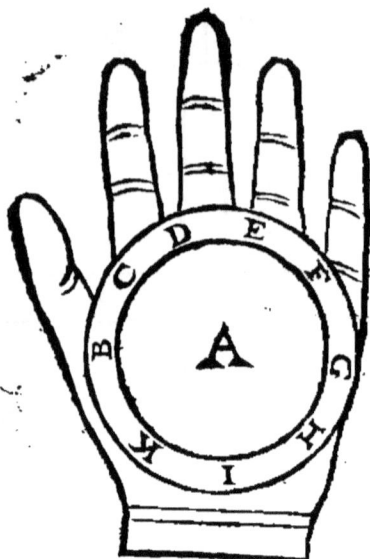

---

## LES LIEVX OV L'ON SE
### doit imaginer eftre pofez ces Lettres.

## CHAP. II.

COmme l'on voit en cefte figure cy deffus,
où nous pofons pour fondement de cet art
A. au milieu de la main que nous appellons en Chiromence, la plaine de Mars, comme
cefte lettre eftant le bafe & fondement de cefte
fcience où fe refere les 9. autres lettres: ce qu'a-
uoiét remarqué les Rabins en fe nom de Dieu de
dix lettres, qui commence par vn Aleph, comme
vous voyez en cefte figure cy deffus. Car de quelque matiere que ce foit de laquelle on veille trai-

ter, il le faut pofer fur cet A. imaginé: & les deffinitions & diftinctions fur les autres, côme decla-
rerons cy apres plus amplement. Le B. qui eft la
premiere lettre du cercle fe pofe fous le poulce
en la montagne de ♀. Le C. fous le doigt indice ou
montagne de ♃. Le D. fous le doigt de ♄. L'E.
fous le doigt de Sol ☉. F. fous le doigt de ☿. Le
G. au deffous fur la tranchee de la ligne menfale.
H. fur le mont de Luna. I. en la racine de la ligne de vie, pres la Reftrainte. Le K. fur le commencement du mont de Venus. Ainfi les ayant
imaginez, conçois en ton efprit fur chafque lettre quelque point que tu defire traicter ou retenir.

# POVRQVOY C'EST ART EST appellé Bref.

## CHAP. III.

RAymond Lulle homme confommé en toutes fçiences & arts, pour ayder à la memoire naturelle inuenta cet art, pour abreger toutes les fciences, & les faire conceuoir
compendieufement à tous ; rendre les hommes à
vn moment experts à difcourir d'icelles fçiences
& arts, & leur faire penetrer le plus fecret de leurs
principes, ce qu'ils ne pourroient acquerir par le
labeur & eftude ordinaire par l'employ de toute
leur vie, voire fut elle de quatre-vingts ans, toute leur eftude n'en pourroit acquerir vne moi-

tié feulement, & y eftre parfaits: Ce que cet art
apprend auec facilité, voire rendra capable vn enfant de fept ans de former toute forte d'argumēts,
Ceux qui s'y font verfez & qui l'ont acquife, en
ont monftré de merueilleux effects. H. C. Agrip.
l'a fait paroiftre, bien qu'il s'en foit mocqué comme des autres fciences: Mais il a fait cefte Decla-
mation contre ces fciences & arts, pour faire cognoiftre combien grande intelligence il auoit d'i-
ceux; car auant que de les blafmer, il a dit merueille de chacune: cet efprit confit en toutes cho
fes par cet Ironie, vouloit effacer le blafme que
quelques mols & vains luy vouloient imputer.
*Ie fuis fafché pour l'honneur du fieur Beaulieu Bonju*
*qui l'a offencé, luy & Ramus* en l'Introduction de
fa Philofophie: car cefte offence ne fe retor-
que qu'à celuy qui veut offencer tels hommes.

La raifon qu'il ne peut par fes blafmes efteindre
leur renommée, ils font immortels en la memoire des doctes; Mais la Philofophie dudit Beaulieu
a efté pluftoft morte que née. Agrippa n'a gouflé
le premier cefte fcience, mais Simonide de Milet,
& ce grand & fage Capitaine Themiftocles, ils y
ont efté grandement verfez: Et en ces derniers
fiecles vn Pierre de Rauane, François Petrarche,
& Hermanus Bufchius; & plus recentement Iordanus Brunus qui ont fait merueille. Toutesfois
l'on me demandera pourquoy Raymond Lulle a
donné à cefte fcience le nom de l'Art bref? Il refpond par fa refponce mefme au Prologue de cet
Art fuccinctement en ces mots: *Vt ars magna fa-*
*cilius fciatur. Nam fcita ifta arte fupra dicta, & etiam*
*aliæ artes de facili poffunt fciri & addifci.* Ce qui eft

ntelligible, car il n'y a fcience qui ne foit abregée
& donnée en la memoire, pourueu que celuy qui
a veut acquerir y foit difpofé par ces dix Lettres:
ar pour la Rhetorique, la deffinition eft pofée fur
e B. Les parties fur le C. Les 30. regles fur le D.
.a Dialectique ou Logique. La Deffinition fur
e B. Les dix Predicaments fur le C. Les trois fi-
ures des Syllogifmes donc chaque figure à qua-
re manieres, deux concluantes vniuerfellement,
& deux côcluantes particulierement, qui fe com-
rennent en ces vers. I.

  *Barbara Celarent Darij Ferio*
  *Cefare Cafmeftres Feftino Barocho,*
  *Darapti Felapton, &c.*

Tout cela ce met fur D. Les Sophifmes Equiuo-
ques, Amphibologes, ignorance de l'Elenche,
Caption de l'antecedant, fur les autres lettres.

 De l'Arithmetique : la deffinition fur le B. qui
ft vne fçience inuentee a nombrer plufieurs vni-
ez. L'on met fa premiere reigle fur le C. qui eft
umeration. La 2. fur D. qui eft Addition. La 3.
ir E. qui eft Subftraction. La 4. fur F. qui eft
ıultiplication. La 5. fur G. qui eft Diuifion. La
eigle de trois fur H. Sur I. Reduction de Fra-
tions. Sur K. Algébre.

 Pour la Geometrie, la Diftinction fur A. le
Triangle fur le B. Ainfi fur les autres ces autres
figures qui font.

| | |
|---|---|
| Quarré, | Enneagone, |
| Pentagone, | Decagone, |
| Hexagone, | Hendecagone, |
| Heptagone, | Dodecagone. |
| Octogone, | |

La mufique, fa deffinition, ces fix voix, huict tons, fes muances, le tout compris en ces mots.

*Ter terni funt modi , quibus omnis cantilena con-
texitur : fcilicet vnus fonus , semitonium , Tonus, Se-
miditonus , Ditonus , Diateffaron , Diapente , Semitonium , cum Diapente : ad hæc fonus Diapafon.*
Ils fe pofent fur les lettres.

Aftrologie deffinition fur A. & les dix parties
de la Sphere, qui font l'Æquinoctial , Zodiaque, Colures , Solftice, Colure Æquinoctial-
le, Meridien, Horizon, Tropique de Cancer,
Tropique de Capricorne, Pole Arctique , Pole
Antarctique, Les fept planettes & tout le compris des Eftoilles recogneus 48. vifages, qui con-
tiennent 1022. ou 25. Eftoilles aufquelles on a
adioufté 14. autres , affauoir cinq nebuleufes, &
neuf obfcures.

Alchimie, les fept mineraux, les fept planettes
à qui font attribuez les fept fels , Armoniac,
Commun, Nitre, Alicali, Salpeftre, Gemme &
de Roche , Calcination, Reduction, Fixion, Fri-
ction, Puluerifation , Sublimation, Elixion : ou
felon Arnaud de Ville-neufue, le Corps , l'A-
tone , Azoch , Zernich , Chibrit, Adrop, To-
pum.

La Chirurgie, l'Anatomie, la Phlebotomie,
les parties Ancharis, lefquelles font, Mirach ,
Siphac, Zirbus , les os & autres parties.

La Medecine operatiue , l'Eau de vie, Eau
potable, Eau d'Ironde, Eau valide , Eau deal-
batiue, Eau conferuatiue, Eau duplicatiue, Eau

iuificatiue. Ainſi des autres arts & ſçiences, qu'il
ſeſt beſoin de mettre ny employer icy : car il
aut dire en peu de mots que toutes ces ſçiences
ont compriſes en cent deffinitions : mais pour
es abreger d'auantage, nous comprendrons tout
ce qu'il ſe peut dire, & diſputer en ces neuf let-
res : comme il ſe void en ces tables que nous
auons miſes icy auant que d'entrer à la practique
& vſage de cet Art, qui ſont telles.

# QVESTIONS.

| B | C | D | E | F |
|---|---|---|---|---|
| Aſſauoir mon ? | Qui ? | De-quoy ? | Pour-quoy ? | Quant ? |
| Dieu, | Ange ? | Ciel, | l'Hom-me, | Imagi-natiue. |
| Bonté, | Magni-tude. | Dura-tion. | Puiſſan-ce. | Sapien-ce. |

| G | H | I | K |
|---|---|---|---|
| Quel? | Quand ? | Ou ? | Com-ment ? |
| Senſiti-ue, | Vegeta-tiue. | Elemen-tatiue. | Inſtru-métatiue |
| Appetit. | Vertu. | Verité. | Gloire. |

# ALPHABET PLVS
## intelligible.

### CHAP. IV.

LE B. fignifie & reprefente cefte queftion premiere, Affauoir mon ? pour fes fubiets, Dieu, Bonté, Difference, Iuftice & Auarice.

C.    Cefte cy, qui ? fubiets, Ange, Magnitude, Concorde, Prudence & Gloutonnie.

D.    Dequoy ? Ciel, Eternité, Contrarieté, Force, & Luxure.

E.    Pourquoy ? l'Homme, Puiffance, Principe Temperance & Suberbité.

F.    Quand ? Imagination, Sapience, Milieu, Foy & Pareffe.

G.    Quel ? Senfitiue, Appetit ou volonté, fin, Efperance, & Enuie.

H.    Quand? Vegetatiue, Vertu, Grandeur, Charité, & Ire.

I.    Ou ? Elementaire, verité, Equalité, Patience & Menfonge.

COMME

# COMME IL FAVT PRA-
## tiquer cet Art.

### CHAP. V.

IL faut donc que celuy qui veut pratiquer ceste science, apprenne premierement ces dix
Lettres : mais que pour l'A qu'il le retienne
pour principal, qu'il s'exerce à dire ces lettres:
B. C. D. E. F. G. H. I. K. & les retrograder de
K à B. & puis pour se rendre plus subtil au mam-
mêt de ces lettres, qu'il les manie & recite de ceste
façon qui suit, vingt-quatre Cylindres.

BCD. CBD. DBC. BCD. CDB. DCB.
BBC. BBD. CCB. CCD. DDB. DDC. BCC.
EDD. CBB. CDD. DBB. DCC. BCB. BDB.
CBD. CDC. DBD. DCD.

Puis exercé au maniement de ces lettres, qu'il
regarde ce qu'il veut proposer, & ainsi le pose;
S'il veut traicter, le Predicateur, des Anges, son
subiet doit estre mis sur l'A : lieu où doit estre po-
sé & mis toute matiere de laquelle on veut discourir ou disputer. Entrer au B. à la deffinition
comme premiere lettre du cercle posée sur le
mont Venus : & aussi nul ne doit estre estimé capable de disputer, si entrant en question il ne def-
finit ce qu'il veut disputer. *Debet à deffinitione pro-
ficisci, vt intelligatur, quid sit id, de quo disputetur,*

I

dit Ciceron. Au C. fe doit mettre la diftinction.
Puis du fubiet cy deffus propofé pour les Hiftoires pour le mefme fubiet pofé fur B. L'Hiftoire
d'Abraham. Sur C. la conception de Samfon.
Sur D. l'Hiftoire de Helie. Sur E. les reuelations
de Daniel. Sur F. les reuelations de Zacharie. Sur
G. l'Annonciation de la Vierge. Sur H. la Refur-
rection de Iefus Chrift, & les Anges qui apparu-
rent aux femmes qui alloient pour luy donner le
dernier des funerailles. Sur I. les Anges apparus
le iour de l'Afcenfion. Sur k. l'Ange de l'Apoca-
lypfe. Si vous les multipliez, remettez fur le B. les
Anges de Loth, celuy de Tobie, aux Actes celuy qui retire de la captiuité S. Pierre, & plufieurs
autres Hiftoires, imaginez les vous, vous imaginant ces lettres & cefte figure de Multipli-
cation.

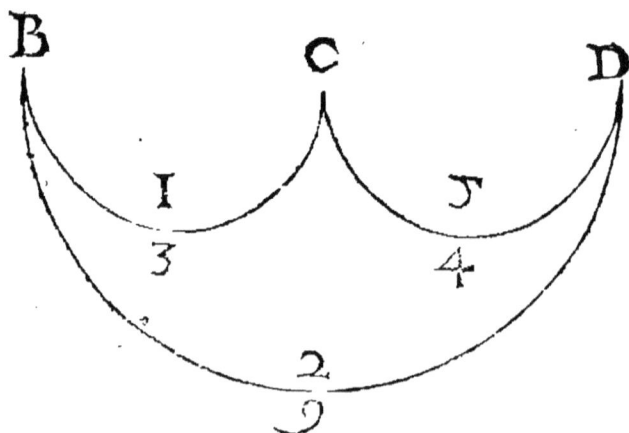

Car remarquez que celuy qui a cognoiſſance de l'Arihtmetique, conçoit, & cōprend les nombres retenus par autruy auſſi facilement que celuy qui eſt amateur de cet Art, peut conceuoir, retenir & apprendre tout ce qu'il voudra ſur ces dix lettres, meſme nombrer ſans addition, ſinon que du zero, & ainſi il ſe poſe.

Quelqu'vn conçoiue en ſon eſprit, d'auoir retenu vn de ces nombres, 1. 2. 3. 4. 5. 6. 7. 8. 9. 10. pour le demonſtrer, toy qui le veux ſçauoir, faits luy tripler le nombre qu'il a conceu: mettez en deux le triple. Mais ſi en la premiere meditation, le triple nombre eſt nompair, dequoy il ſe faut enquerir, dittes à celuy qu'il face pair ou pareil par l'addition d'vnité, & puis qu'il le my-partiſſe.

De ceſte addition vous prendrez vn, vous luy chargerez d'en faire autant, mais vous garderez 2. & puis luy direz qu'il oſte 9. tant de fois qu'il pourra de ſon dernier nombre: & vous, nombrez autant de fois quatre, puis vous adiouſterez ſi vous auez gardé quelque choſe : comme quelqu'vn ait penſé 7. le triple eſt 21. & adiouſtant vn ſe faict 22. la moitié eſt 11. qui triplent 33. & cela ne ſe peut my-partir, ſinon adiouſtant vnité, ainſi ſe feroit 34. la moytié 17. recueillez icy 2. commandez luy ietter le 9. tant de fois qu'il pourra : mais pource que cela ne ſe peut faire qu'vne fois, vous recueillerez 4. vous ne vous enquerrez du demeurant, ſi vous vous eſtiez gardé 3. ce qui ioinct auec 4. faict 7. Ainſi maniez ces lettres, multipliez les vous, ſur le nombre de paroles que vous voulez mettre en auant. Prenez le plaifir , premier de mettre fur chafque lettre des mots tels, pour s'accouftumer a exercer fa memoire.

B. Bonté, C. Charité, D. Deité, E. Ebrieté, F. Fortune, G. Grandeur, H. Honneur, K. Katherine. Sçachez cela en allant & retrogradant, & les multipliez pour augmenter voftre memoire. B. Baifer, C. Ciel, D. Delecter, E. Edifier, F. Fort, G. Gloire, H. Horreur, I. Iefus, K. Katon : Et argumentez fur chacun des mots. La premiere figure , pour le B.

*Toute Bonté eft louable ,*
*La Charité eft vne Bonté ,*
*Par confequent , &c.*

### AVTRE.                    ()

*Toute Vertu eft louable ,*
*La Charité eft vne vertu ,*
*Donc la Charité eft louable.*

### AVTRE.

*Toute chofe Bonne eft louable ,*
*Quelque Volupté n'eft bonne ,*
*Donc quelque Volupté n'eft louable.*

Ainfi des autres : Mais tous tes arguments doiuent toufiours regarder ce fubiect, duquel tu difcours, qui eft pofé fur A. comme toy Predicateur, qui voudrois difcourir des principes, ou du Principe, le pofe fur A. en fa main & puis

lur le B. face cet argument, s'il y a quelque prio-
rité en la diuinité, au C. face ce Sillogiſme.

*Tout agent eſt premier que ſon patient,*
*Le pere eſt agent & le fils patient,*
*Donc, &c.*

Tellement trauaillant de ceſte façon poſant ſur
les autres lettres Hiſtoires ſur ce ſubiet, & ne de-
laiſſant en la memoire ces lettres principes de ceſte noſtre ſcience, ils peuuent tout. Voire l'enfant
aagé de ſept ans, peut en vn moment par cet Art
eſtre rendu capable & idoine en toutes ſciences,
pourueu que de ſoy il ſoit porté, & promets de
faire qu'en cet aage, vn enfant demeurant quelque temps auec moy au plus dix iours, le faire
argumenter & former ſyllogiſmes en bon Logi-
cien ſur quelque point que l'on luy voudra pro-
poſer : Car cet art icy fait des effects prodigieux à
ceux qui auec ferueur l'embraſſent. Que le Marchand auſſi en face ſon profit & de la meſme façon, poſant le ſubiet de ſon commerce ſur ceſte
lettre A. & les dependances d'iceluy ſur les autres lettres. Le ſouuenir d'icelles les remettant en
tout ce qu'il aura à faire.

Lecteur ſtudieux, ie te prie comprents ce mien
petit traicté, & tu cognoiſtras l'vtilité de cet Art:
Et louëras l'inuenteur premier d'iceluy, dont la
memoire doit eſtre en toute eternité. S'il t'eſt
agreable aſſeure toy qu'en bref ie te donneray vn
ample liure de toutes les Mathematiques diuines,
où il te ſera monſtré les ſecrets de Cabale & Ghematrie des Iuifs ; Et ce qui eſt de plus curieux aux

I iij

œuures de tous ceux qui ont efcrit de la Philofophie occulte : receuez ces nottes pour erres &
me tenez pour voftre Amy.


*Fin du traiƈté de la memoire Artificielle,*
*ou, l'Art de Raymond Lulle.*

# DISCOVRS
# ASTROLOGIQVE
## ET DESCRIPTION
### GEOGRAPHIQVE ET
### Topographique,

*DV COMETE APPARV sur nostre Hemisphere le 27. Nouembre & defailli le 28. de Decembre l'Année derniere 1618,*

## AVEC LES PREDICTIONS
d'iceluy, dont les euenemens d'iceux feront espouuentables.

Par M. IEAN BELOT Curé de Mil-monts, Professeur és Mathematiques Diuines & Celestes.

## A PARIS,

Chez { NICOLAS ROVSSET Et NICOLAS BOVRDIN } En l'Isle du Palais, vis à vis les Augustins.

. M. DC. XIX.

*AVEC PRIVILEGE DV ROY.*

# AV LECTEVR.

E ſçay que pendant les iours
que c'eſt veu ce Comete
( Amy Lecteur ) pluſieurs
gentils eſprits ont mis la
main à la plume , & ont
fait voir au iour quelques
diſcours : Les vns pleins de
conſolation pour aſſeurer ceux qui auoient conceu
quelque tremeur de cet aſpect : Les autres ont
voulu traicter de ſes Predictions, mais ſi peu &
hors de propos ſans cognoiſſance d'Aſtrologie,
que ie n'eſtime le tout eſtre rien pour contenter le
deſir des eſprits ſages & pleins de ſoin d'vn ad-
uenir. C'eſt pourquoy ie ne laiſſe pour la diuer-
ſité de ces eſcrits , de mettre la main à la plume pour donner ces nouuelles Centuries , faictes
ſur chaque iour que ce Comete c'eſt veu, conforme
aux Propheties des Sainctes Hildegrade & Brigide, leſquelles toutes deux ont eu reuelations, &
ouy la voix (que les Hebrieux ont nōmée בתבול,
c. filles de la voix ) ſi hautement que Iean Tritheme

theme Abbé, & Theodoric aussi Abbé, tous deux
de l'ordre S. Benoist, ont parangonnée la premiere à S. Iean l'Euangeliste, par ce que ainsi que
luy, elle a entendu ceste voix, & ceste voix luy
a dicté ces Propheties dont l'accomplissement se
fait en ce siecle : Elles les ont escrites comme luy
soubz certaines Images & figures en forme de
Hieroglyfiques ou Enigmes ; afin que tous n'eus-
sent la cognoissance de ces Mysteres : comme estát
la forme de tous les Prophetes Hebrieux & des
Oracles Grecs. Ce que i'ay voulu imiter en ses
Predictions pour deux raisons. La premiere en
imitant ces anciens Prophetes Hebrieux, cacher
souz figures ce qui peut estre cogneu appertement,
afin qu'il ne soit pas permis à chacun de les inter-
preter à sa fantaisie : mais se rendant capables des
choses intelligibles par l'illustration du S. Esprit
qui nous fait voir clair au milieu des tenebres.
Ainsi en parloit Platon : Rerum sacrarum
mysteria velanda esse, vt à Plebeculæ indi-
gnitate superentur. Et puis : Indignum pror-
sus ac fœdum esse, rerum occultarum mysteria populo aperiri, cùm ab hominum ge-
nere illa pollutis manibus contrectentur,
quæ ab hominibus, tantùm Philosophiæ
sacris initiatis tractari fas sit. La seconde raison, c'est que souz ce regne, la verité pourrott en-
gendrer aussi bien des ennemis que du temps de
K.

Ieremie, Michée &c. Daniel comme vn des
Voyans lequel n'auoit seulement le הלה &
בד אוה ne laissa pas souz figures representer
la naissance & decadences des quatre Empires
souuerains. Ainsi Zachare, S. Iean, & depuis
Saincte Hildegrade: Et moy les suiuant sur vne
mesme crainte: En te disant à Dieu ( Amy Lecteur ) ie te dy mon excuse par ces vers d'Horace,

———— Qüin etiam lex
Pœnáque lata, malo quæ nollet Car-
mine quemquam
Describi : vertêre modum formidine
fustis.

Souuienne toy aussi de l'Histoire de Frere Hiero-
nyme Sauonarole, lisant Commines tu apprendras
ce que c'est. A Dieu.

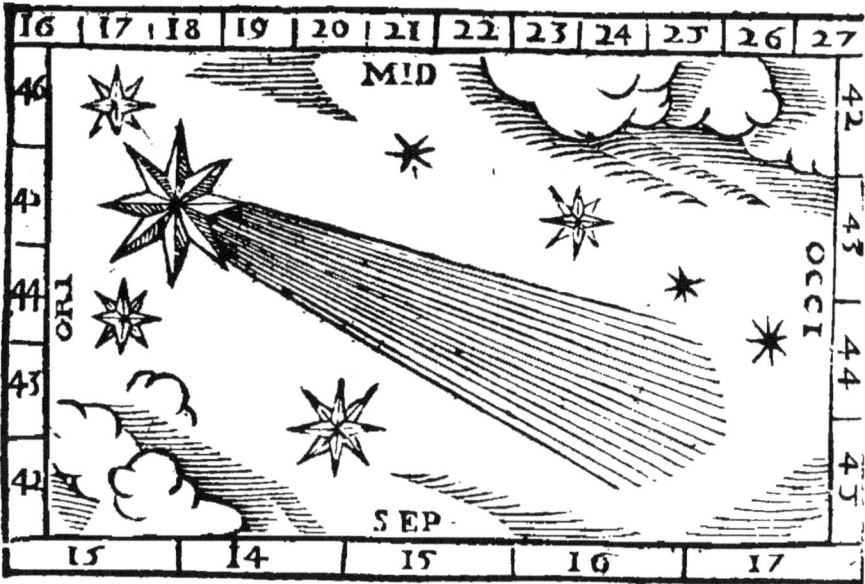

L faut que ie traicte, auanr
que d'entrer en difcours
de noftre Comette , des
impreffions ignées qui di-
uerfement fe forment en
l'air , afin de faciliter au
Lecteur l'intelligence de
leur generation. Les Phi-
lofophes plus recens ont diuifé l'air en trois re-
gions dont l'vne eft fuperficielle à la terre, l'autre
eft conioincte à la concauité du feu Elementaire,
& l'autre eft entre les deux. Or le propre de l'air
eft d'eftre chaud & humide: mais fa qualité principalle confifte en humidité & non en chaleur,
laquelle par externes euenemens luy peut eftre
augmentée ou tolluë.

Suyuant ce, nous voyons que la region de l'air

voiſine de la terre, eſt eſchalouree par l'entremiſe
des rayons lumineux du Soleil qui y donnent; &
celle qui eſt voiſine du feu elementaire, par le
moyen de ce feu. Et au contraire celle du milĵeu
eſt faicte le receptacle de toute froidure, dès vapeurs & exhalations, qui ſont continuellement
eſleuées de la terre & de l'eau, d'autant que la
chaleur de la haute region & la chaleur de la baſſe, y ſont reſerer ceſte froidure, & n'y peuuent
attaindre pour l'aneantir.

Nous apprenons de la que la region haute &
la region baſſe de l'air, ſont principalement aptes
aux impreſſions ignées, leſquelles y ſont produi-
ctes ſans aucune violence, par la chaleur qui y re-
ſide; & non en la moyenne region, ſi ce n'eſt
par colliſion & conflict de contraires, qui cauſent
le tonnerre & foudroyement.

Auſquelles ſont oppoſement conuenãtes les exhalations & vapeurs. Car outre que les exhalations ſont de matiere plus propre que les vapeurs,
à conceuoir les impreſſions du feu, elles ſont diſ-
poſées d'ailleurs, a monter en la region haute de
l'air: Ce que les vapeurs ne peuuent faire, ains
ſont arreſtées en moyenne region, où eſtant, la
froidure les congelle en nuées, à cauſe de leur ex-
ceſſiue humidité, & les fait recheoir en bas. Pour
les exhalations il faut noter qu'ils ne peuuent s'eſ-
leuer plus haut que de deux ou trois milliaires
par deſſus la terre.

Diſons doncques en general, que toutes les
flãmes qui ſans foudre & tonnerre apparoiſſent en
l'air, par forme de Comettes, de Colomnes, de
Lances, & autres figures, longues, larges, ou

rondes, font engendrées par la chaleur en la region baffe & haute de l'air, lors qu'elle y rencontre quelques exhalations propres a eftre con-
verties en telles, ou telles flammes.

Mais fur toutes autres impreffions qui y font
produites : quelques Philofophes ont tenu que
les Comettes y eftoient principalement, & non
formez au Ciel par la rencontre & conionction
des rayons de deux planettes, ayant l'afpect l'vne
à l'autre, & le chef de cefte opinion a efté Ari-
ftote, lequel au 1. liure des Metheores c. 7. dit
Παρὰ πλήσιον γὰρ τὸ γιγνόμλμον, οἷον, εἴ τις εἰς
τῶν ἀχρύρων θημοῦρα κ πλῆθος ὡς τε δαλὸν, ἢ πυ-
ρὸς ἀρχὴν ἐμβάλοι μιχράν. Que ces feux (vou-
loit-il dire) ont efté releguez par vne graffe exhalation, en la haute region de l'air, laquelle dés
auffi toft qu'elle commence a defaillir, eux pareil-
lement ne pouuant fubfifter fans elles, qui leur
feruoit d'aliment, font contraints à s'efteindre &
diffipper. Mais telles raifons font neantes & nul-
les, i'aime mieux en ceft endroit confeffer inge-
nüement noftre incapacité, que de propofer
quelque chofe pour affeurer temerairement &
m'arrefter en fes vaines opinions : Car tout ainfi
que le vin n'eft pas toufiours profitable aux malades, mais le plus fouuent leur eft tref-nuifible &
pernicieux : dont il aduient qu'il eft beaucoup
meilleur de leur deffendre du tout, que fous efperance de quelque vtilité, qui eft en doute, on laf-
chaft la bride à l'infolence de leur maladie, iufques à les mettre en danger de leur falut : de mefme il eft beaucoup meilleur de laiffer les curieux
de chofes vaines defpourueuës de refponces que

leur confirmer leurs folles opinions. Nous auons
defia dit cy deffus, que les exhalations ne fe peuuent efleuer plus haut que de deux ou trois milliaires par deffus terre : mais on ne peut nier que
les Comettes n'apparoiffent en la plus haute region de l'air, qui eft exempte de toute forte
d'expiration fuligineufe, & de l'odeur sulphurée,
laquelle les autres feux laiffent en leurs veftiges;
on ne peut auffi nier, qu'ils ne foyent remarquables à tous les peuples qui viuent fous vn mefme
Hemifphere : ce qui ne fe pourroit faire s'ils n'e-
ftoient voifins à l'orbe de la Lune, duquel la plus
petite diftance au centre du monde à d'interualle
32. diamettres de la terre, c'eft à dire 112760.
milliaires : & mefmes quelques Aftronomes ont
efcript, que ce grand Comette qui apparuft au
mois de Nouembre 1573. eftant au cofté droict
de Caffiopeia, n'auoit point eu de paralaxe, &
qu'il appartenoit aux eftoilles fixes ; ce qui eft
neantmoins faux : Car il ne s'enfuit pas, qu'il fuft
vne eftoille fixe pour n'auoir point eu de paralaxe, ou de diuerfité d'afpect, parce que la doctrine des Paralaxes eft beaucoup deceuable, en tant
que fon vifage ne fe peut eftendre par deffus
l'eftoille de Venus, de laquelle difference d'afpect
eft defia fort petite : & d'ailleurs ce Comette dif-
parut dans cinquante iours ( ce qui eft rapporté
par l'Hiftoire de ce temps là ) ce qui n'aduient
aux eftoilles fixes. Mais d'autant qu'il eftoit immobile ( felon la fituation en l'aftre de Caffiopeia,
car il auoit fon mouuement ordinaire par le premier mobile ) & proche de noftre zenit, il a donné occafion à plufieurs de penfer qu'il fuft vne

eſtoille fixe, (comme on peut iuger de la noſtre,)
toutefois on peut iuger par là qu'il n'eſtoit pas
fort loin de l'Orbe de la Lune, & qu'il eſtoit ad-
uancoureur pour ſignifier les calamitez qui ſur-
uindrent ſi grandes & eſpouuentables, que Cy-
prian Leonicius & Lutinus, oſerent remarquer
quelque choſe de grand en l'an 1588. car cet année fut le commencement de toutes miſeres particulierement en ce Royaume de France.

Les anciens auſſi de tout temps, deſquels la memoire s'eſtend fort loin vers la venerable antiquité, ont remarqué qu'il ne falloit point meſpriſer
l'obſeruation de ce que ſignifient les Comettes,
outre ce qu'il s'en pourroit dire pour la cauſe naturelle, de laquelle opinion auroit eſté Ariſtote,
qui par ſon opinion encouroit vn nombre infiny
d'autres plus grandes incommoditez : qu'il faut
reciter auant que d'entrer aux Predictions de noſtre Comette. Ils ſont tels. Si nous concedons à
Ariſtote que les expirations fumeuſes s'eſleuent
iuſques à la concauité de l'Orbe de la Lune, ce
que toutefois ne ſe peut faire : car quel moyen y
auroit-il que toutes les exhalations de l'air s'a-
moncelaſſent tout en vn globe, afin de repaiſtre
vn ſi grand feu ? Ou ſi les expirations ſont eſparſes par tout l'air, pourquoy ne ſeront auſſi eſpars
çà & là les Cometes ? Mais nous les voyons pluſtoſt en Eſté, lors qu'il fait ſi grãd ardeur & ſeche-
reſſe, que peu s'en faut que l'air ne s'allume de
toutes parts, par les expirations qui s'eſleuent
iuſques à ce que tout à coup ſa matiere eſtãt con-
ſummée il vienne à s'eſteindre : Et pourtant on
ne veoit pas que tout ce feu s'amoncele en vn

globe. D'auantage, si vn Comette s'engendre de
l'expiration, pourquoy est-ce que celuy qui est
appellé en Astrologie Iouial, se monstre en l'air
auec vne si grande clairté & pureté de sa lumiere;
& l'autre lequel ils appellent Saturnien, auec vne
obscurité meslée de couleur pasle tirant sur le
bleu; comme de mesme le Mercurial est cornu:
Le Martial enflammé & fort terrible a veoir : celuy de Venus auec vne longue perruque. C'est
pourquoy quelques vns ont estimé qu'il n'y auoit
que l'vne des sept planettes qui deuint Comette
Paligene dict.

*Illos stella facit de septem errantibus vna;*
*Dum sibi subiecto radios impressa vapori,*
*Assimulat caudam, lumenque in nube relinquit.*

Or puisque ces exhalations n'ont qu'vne mesme matiere, ils n'ont donc qu'vne mesme Hypo-
stase. On tient aussi que le Comete de Venus ce
porte par tout le Zodiaque vn tel se vist l'année
1470. aux Ides de Iannier : Mais comment pour-
royent ils aller d'Orient en Occident auec vne
telle constance, comme il y a esté veu à celuy qui
apparust au mois d'Octobre 1577. qui ne peust
par aucun vent ny orage estre dissipé, si leur matiere est vne exhalation, puisque Aristote sou-
stient que les vents en sont excitez, ce qui est faux.
Pourquoy aussi verrions nous les Comettes en
Hyuer ( comme nous auons veu la nostre ) voire
plustost qu'en Esté, puis qu'alors il y a peu d'expirations, & encor fort debiles, estant retenus de
la terre, qui est glacée par la froidure ? Pourquoy
aussi

auſſi les verroit-on pluſtoſt du coſté de Septentrion que de Midy ? Ou pourquoy auroyent-ils
tant de diuerſitez les vnes auec les autres & chacun d'eux, auec le reſte des figures flambantes,
comme le Crineux auec le Barbu, & celuy, qui
eſt fait en lame d'eſpée, auec ces deux icy, puis
que les exhalations n'ont point de figure ? Pourquoy auſſi ſeroient diſſemblables les vns des autres, le Tonneau, la Torche, le Foſſé-çornu,
le Dragon, la Lance, & vn nombre preſque infiny d'autres telles figures, qui ſont toutes diffe-
rentes, non ſeulement à celle-cy, mais auſſi entre
elles meſmes, veuë la precedente raiſon ? Veu
auſſi qu'vn Comete peut quelque fois eſgaler en
grandeur la troiſieſme ou quatrieſme partie de la
terre, comme a faict le noſtre, qui a eſté veu
plus de deux milles lieuës. Iuſtin, rapporte qu'au
temps que Mitridates naſquit, il y en auoit vn
qui couuroit vne quatrieſme partie de la veuë du
Ciel, & obſcurciſſoit quaſi, ez lieux où il reſpon-
doit, la lumiere du Soleil. Ainſi celuy qui apparuſt trois mois durant en l'année 1314. Et vn autre l'année 1337. Et vn autre l'année 1472. qui
fut pouſſé d'vne telle viteſſe par tout le Zodiaque, qu'il paracheua preſque ſa courſe dans
vn mois, l'ayant commencée au ſigne de Libra,
& de la pourſuyuant ſon train faiſoit au commencement 40. degrez chacun iour, puis ſur la fin
120. Item vn autre qui apparuſt tout le mois
d'Aouſt & de Septembre en l'année 1556. Ce-
ſtuy-cy tint ſa courſe de l'Equateur vers la petite
Ourſe, ayant ſa ſplendeur d'vne clairté fort ap-
parante, & qui eſtoit bien ſi grande que ie ne di-

L

ray pas, que les expirations, qui font fi feiches
& legeres, euffent peu fatisfaire à l'aliment, qui
luy euft efté neceffaire pour deux mois, aufquels
il continua fa lumiere : mais auffi les forefts, qui
font par tout le monde, ne luy euffent peu fuffire.
Combien que i'aye paffé fous filence le Comette,
qui apparut du temps de l'Empire de Neron, qui
dura fix mois entiers, ainfi que là efcrit Seneque
en fes queftions naturelles. Iofephe, a auffi efcrit
en fon liure de la guerre des Iuifs, qu'il en apparuft vn autre, qui flamba vn an entier fur le Temple de Hierufalem, auparauant la ruine dudit
temple & ville, ayant la figure d'vn glaiue : qui en
voudra voir vne infinité d'autres apparus de
temps en temps lize la Meteorologie de Garcæus
& Lycofthenes en fon recueil *de Prodigys*. Mais
quel aliment pourroit fuffire a fi grands feux? Plufieurs petits Sophiftes fe font hazardez de dire
que le Soleil & les autres aftres fe nourriffoyent
des exhalations, laquelle chofe eftant digne de ri-
fée n'eft pas pour cela plus digne d'eftre mocquée
que les precedentes touchant les Comettes. Car
Pofidonius prenoit fon argument de la, que tout
le monde deuoit eftre confommé par feu, d'autant qu'il penfoit, que l'humidité feroit finallement confommée, laquelle eftoit aliment des
Aftres.

Auant que de difcourir de noftre Comette ie
refoudray deux queftions qui ont efté pieça fai-
tes & qu'on me pourroit encore faire. La premiere fçauoir fi la queuë des Comettes eft toufiours
de l'autre cofté du Soleil, laquelle chofe eftant
ainfi, le Comette ne pourra eftre vn embrafe-

ment, ny vne hypoftafe de feu, mais pluftoft vne apparence de Pyramide, qui s'eft ainfi façonnee par la concurrence des rayons du Soleil, & de l'oppofition d'vn corps plus efpais que l'air. La feconde, d'autant qu'on a remarqué de toute antiquité, comme dit Ciceron au 2. liure *De natura Deorum*. Et Pline au 2. liure de fon Hiftoire naturelle, que les Comettes font meffagers, auant coureurs ou de famine, ou de pefte, & autres maladies populaires, ou de guerres Ciuiles ( ce qui n'aduient par les expirations, qui fe font allumées ) l'aduis de Democrite ne feroit - il pas vray femblable, par lequel il entend comme il a laiffé couché par efcrit, que les Comettes s'en retournent finallement en eftoilles fixes ?

A la premiere ie refpond que l'on remarque cela aux Comettes Orientaux ( comme l'on a veu à la noftre aux premiers iours qu'elle s'eft apparue) & a ceux qui ne fe bougent d'vne place : mais cela ne fe void plus aux reftes des autres Comettes : Car on a affeurement obferué, que le Comette crefpelu ou cheuelu ( comme l'on le voudra appeller ) iette par derriere foy fa queuë ou fa perruque, ne plus ne moins qu'vne torche iette fa flamme en arriere, quand celuy qui la porte, court vifte en auant, ou quand fans fe bouger il la leue en haut : car ainfi la flamme s'efgarguille, comme des rayons, ou comme vne barbe qui pend du menton en bas : de mefme eft-il d'vn Comette s'il fe porté d'Orient en Occident, car ainfi fa perruque fe trouffe deuers l'Oriēt (bien qu'il s'eft veu du contraire au noftre, mais c'eft par vn myftere fecret, ce qu'il n'eftoit au Comette qui ap-

L ij

paruſt l'année 1577. au mois d'Octobre, & qui
eſtoit rauı auec grande force par le cours du premier mobile : Mais celuy qui apparuſt l'annee
1556. au mois d'Aouſt tenoit ſa route du Midy au
Septétrion ayāt les cheueux retrouſſez vers le Midy. De là on peut entendre que l'opinion eſt fauſſe
de quelques vns, qui penſent que le Comette ſoit
vne apparence pluſtoſt qu'vne vraye Hypoſtaſe ;
auſſi de ceux, qui ne penſent pas que ſa nature
ſoit autre que celle du reſte des impreſſions flambantes en l'air, qui tout à coup apparoiſſent &
tout à coup ſe retirent du regard des hommes.

   A la deuxieſme queſtion, nous reſpondons à
Democrite que cela eſt probable, & ſi toutesfois
il n'eſt pas neceſſaire, & me ſemble probable en
cela, d'autant que les anciens ont obſerué que les
Comettes venoient & s'en retournoient ſans aucune generation ou corruption, ainſi que Pline
teſmoigne : c'eſt à dire, que les Comettes ne
s'eſteignoient non plus que les autres Aſtres :
mais que peu à peu ils ſe retiroient de noſtre veuë :
mais cela ne ſe peut faire, ſi nous ne confeſſons,
que les Comettes s'eſleuent peu à peu en haut,
iuſques à ce que s'eſtant retirés au firmament
auec les autres eſtoilles, nous les perdions de
veuë, toutefois ceſte raiſon n'eſt pas neceſſaire,
parce, qu'il ſe peut faire, qu'ils periſſent totalement puis que nous ne voyons pas que le nombre
des eſtoilles s'augmente par leur venuë : mais il
ſe pourroit auſſi bien faire qu'a cauſe de leur ex-
treme hauteur on ne les peut voir non plus que
les petites eſtoilles.

   Sur l'aduis de Democrite, pluſieurs ont penſé

que les Comettes foient les ames des hommes il-
luftres ( laquelle opinion à touché Plutarque
en fon traicté du defaut des Oracles. ) Lefquelles
apres auoir demeuré vn nombre infiny d'années
fur la terre , font finalement reduites à l'extremité
commune des autres chofes qui ont eu naiffance,
& qui prennent fin. Et on tire de cet aduis que
cftant conuertis en Comettes, que c'eftoit leur
dernier triomphe de leur vie bien-heureufe , &
s'en retournoient au Ciel eftoillé côme des aftres
reluifans : C'eft de là qu'ils ont penfé que vient la
famine, les maladies populaires, & les guerres ciuiles , comme fi les peuples, les Royaumes, & ci-
tez eftoient abandonnées de leurs Gouuerneurs
& bons Capitaines, qui fouloient appaifer par
leurs prefences la fureur de la Majefté Diuine.
Pour moy ie ne voudrois contre cet opinion rien
temerairement affeurer ny adioufter foy à l'aduis
des autres touchât vne chofe tant efgarée de l'entendement des hommes, & laquelle pour fa hauteur ne peut facilement eftre attainte de leur iu-
gement : Quant à moy il me fuffit d'auoir monftré par argumens tres certains & propres pour
faire neceffairement condefcendre à mon opinion
les autres : que les Comettes ne font point exhalations aufquelles la flamme foit prinfe ; Lefquels
fi ainfi eftoit, s'engendrèroient pluftoft auprès de
la terre où il y a plus grâde quantité d'exhalations
qu'en la plus haute region de l'air, là où ny les vapeurs, ny les exhalations ne peuuent penetrer;
Car fi tant eftoit que les expirations s'efleuaffent
iufques là , comme ils difent, ce ne feroit qu'vne
caufe naturelle qui ne pourroit pas apporter la

guerre, ny la fterilité, ny les maladies. Car tout ce qui eft naturel ne contredit point au bien de la Nature. Auffi ces Comettes font fupernaturelles & prodigieufes, ils nous caufent par confequent ça bas des effects merueilleux & efpouuentables, & peu ne ce font apparuës qu'il n'en foit forty des effects merueilleux. Les euenements ne les fui-uent le plus fouuent pas fi toft, car celuy qui les fait paroiftre, fa vengeance vient à pieds de laine & ne chaftie auffi toft qu'on a offencé. Ce n'eft vne opinion nouuelle que ces Comettes & autres prodiges font auant-coureurs de miferes qui ad-uiennent aux hõmes, l'antiquité la tenuë pour fer-me : on en veoit mille Hiftoires & exemples en Tite Liue, Suetone, &c. & l'Efcriture faincte mefme. Le Poëte Lucain dit auoir veu de tels prodiges auant les guerres ciuiles & en eft tres-certain. Voila ces vers que ie vous donne Fran-çois.

*Alors le Ciel eftoit par des aftres nouueaux*
*De toutes pars ardant comme par des flambeaux,*
*Qui du Pole azuré chaffoient la nuict obfcure:*
*Les torches s'enuoloient fouz l'oblique ceinture*
*Du Ciel, qui courroucé aux hommes fe monftroit,*
*D'autre part vne peur, l'autre peur rencontroit*
*De voir les longs cheueux aux aftres apparoiftre,*
*Et les Comette en l'air, qui fouuent fait cognoiftre*
*Aux affaires publics vn trifte euenement,*
*Et aux fceptres des Roys vn nouueau changement.*

Mais auant que d'entrer en la defcription de noftre Comette, ie reciteray les vers de noftre Cothurne François Robert Garnier, pour aduer-tiffement aux Roys & Princes de prenoir leurs

mal-heurs & afflictions qui les talonnent lors que
s'apparoissent tels Comettes, & que c'est particulierement eux qu'ils menacent. Ce Poëte parloit à
Henry III. Roy de France & de Pologne. Voila
ces vers & sa fureur Poëtique.

Les Roys enfans du Ciel, sont de Dieu les images:
Iupiter en prend cure, & les garde d'outrage,
Il les fait reuerer, reputant les honneurs
Estre à luy-mesme faits, qu'on rend à ses Seigneurs,
Quand ils ont quelquesfois les ames trop cruelles,
Outrageant leurs subiets qui ne leur sont rebelles.
Bien qu'espris de colere, il les fait à tous coups
Par signes aduertir de son ardent courroux,
Il trouble l'air de vents, d'esclairs, & de tonnerre,
Il fait enfler les mers, il fait trembler la terre,
Fait pallir du Soleil le grand front lumineux,
Où dans le Ciel attache vn Comete crineux:
Afin qu'espouuantez de sa dure menace,
Ils amendent leur vie & recouurent sa grace,
Tant il leur est clement, & tant plus volontiers,
Il vange les forfaits des Monarques sautiers.

# LA DESCRIPTION DV
## Comette & sa naissance.

NOstre Comette duquel nous voulons discourir, s'apparut vn Mardy au matin 27.
iour de Nouembre, iour dernier de la pleine Lune d'Octobre, à son premier leuer, au lieu
où elle a esté formée qui fut au 28. de degré de Ge-

mini proche de deux degrez de Cancer: Ce matin
qu'elle se leua, i'estois sur les pieds l'attédanta, y ất
eu reuelation & cognoissance de son apparution
par l'Astrologie ( c'est ce qui m'a fait estonner que
nul de nos Astrologues ne l'auoient remarqué
en leurs Ephemerides: ) A son leucr ie le conside-
ré & recogneus qu'il prenoit sa naissance proche
la voye Lactée, & d'abord ie croyois que c'estoit
vne des estoilles de Porcyon, ou du petit Chien,
de qui les pieds sont sur ceste voye Lactée, selon
Hyginus: mais considerant son cours, ie le consi-
deré monter iusques au 27. degré de nostre Cancer, & se venir coucher en l'Occident auec les autres estoilles fixes. La nuict ensuiuant il quitte
Porcyon & s'accompagne de la sagette, ainsi des
autres estoilles Meridionalles, iusques ayant son
branfle & cours porté au Septentrion où il c'est
leué au derniers iours de son apparution, tantost
proche du Dragon, tātoft aupres des Boëtes, &c.
Ayant premierement aux iours premiers de son
apparition la queuë tournée vers l'Occident, depuis estant au Nord il l'auoit vers l'Espagne, &
en forme pour lors d'vn fer d'vn espieu, ou bien
d'vne lozange : Il a regné cinquante iours & a
esté veu trente cinq nuicts : Les autres quinze
n'a esté veu l'air estant obscurcy de nuages & de
pluyes, ausquelles nuicts qu'il a esté veu, ie n'ay
manqué de le voir pour considerer sa nature
quel estoit son mouuement qui a esté si rapi-
de qu'en ces cinquante iours il a fait le cours
de la terre, tantost leué des 10. heures du soir
puis à 11. puis à 12. mais son ordinaire à 4. heures du matin, ceste varieté m'a fait recognoistre
                                    qu'il

qu'il eftoit ambaffade de merueilleux fecrets de
la Diuinité, ce fut pourquoy de la premiere il fut
veu apres l'auoir d'vn œil curieux confideré, ie
priay le Pere des lumieres de me faire comprendre felon mon frefle pouuoir qui en feroient les
effects, qui fortiroient de ce Comette. Toutes les nuits qu'il fe voyoit, & moy eftant retiré
en mon eftude, fur chaque figne auquel il entroit,
ie faifois vn quatrain ou centurie, tant par l'A-
ftrologie qu'autre infpiration, lefquelles compi-
lez apres fa difparition, i'ay bien voulu faire part
au public, & les illuftrer d'anciennes propheties,
ce qui ma fait rechercher le Talmud Babylonien,
les Propheties des Sainctes Hildegrade & Brigide,
Merlin & autres, mais entre toutes, celle de Hildegrade vierge pieufe, qui regnoit il y a enuiron
400. ans fous l'Empire de Henry, elle eftoit de la
haute Allemagne & de bonne extraction, qui des
premiers iours de fon adolefcence fut infpiree de
Dieu. Il n'eft hors de propos de reciter icy la caufe de fon infpiration diuine, & comme les Propheties luy furent reuelez, eftant vn fubiect de
nos centuries. Le venerable Tritheme Abbé dict
ces mots parlant de cefte faincte Vierge, Cefte
bonne fille ne fçauoit lire, ny efcrire, mais vne
nuict comme elle vacquoit en meditation, ayant
fon efprit abftraict hors fon corps, elle euft vne
vifion du Ciel, qui luy commenda d'efcrire tout
ce qu'elle verroit & qui luy feroit dit. Elle rem-
plie d'eftonnement d'ouir telles parolles & iuf-
fion, ne fçachant ny lire, ny efcrire, communiqua
cefte vifion à vn pieux & fainct Religieux, qui luy
confeilla luy ayant reuelé les excez de fon ra-

M

uiſſement, d'obeir à icelle viſion, ou autrement;
qu'elle en pourroit courir plus grãde peine. Alors
elle mit la main à la plume pour eſcrire, & tout
incontinent elle recupera la ſanté & conualeſ-
cence; Or de ce temps Eugene Pape faiſoit ſeiour
à Treues, peu de temps apres la celebration du
Concile de Rheims. L'Eueſque de Mayence ſuy-
uant le conſeil des plus Doctes & aduiſez de ſon
Clergé, furent d'aduis de donner aduertiſſement
au Pape des viſions & eſcrits de ſaincte Hildegrade pour recognoiſtre s'ils eſtoient conformes à
la parole de Dieu. Le Pape enuoya par deuers elle l'Eueſque de Verdun accompagné de notables
perſonnages qui luy rapporterent ſes eſcrits, ils
furent leus publiquement en preſence de pluſieurs Doctes, & particulierement ſainct Bernard
Abbé de Cleruaux, qui auoit eſté maiſtre & Abbé
d'Eugene, ces eſcrits leus vne partie furent ſup-
primez à l'occaſion qu'ils touchoient ſur la refor-
mation de l'Egliſe, de laquelle crioit ſainct Bernard & particulierement en ce Concile de Rheims
il luy fut commandé d'eſcrire, mais commandé
d'autre part, que ſes eſcrits ne fuſſent diuulguez,
ce qui n'a eſté, ſinon qu'ez œuures qui ſont
venus iuſques à nous de ſes Propheties & expoſi-
tions ſur les Euangiles, qui ſont demeurez iuſques
à nous, & quelques vnes de ſes Propheties les
plus ſecrettes qui ſont venus iuſques a ce temps,
en forme de cabale, comme celle-cy qui eſtonne
toute la terre, ceſte Vierge vn iour ſortie d'vn
ſommeil prophetique dict, I'ay veu le Decade
accomply & le Sexenaire de cent, quand ils ſeront
accomplis viendra triple petit Sexenaire, lors

le ternaire Celeste fera paroistre au Ciel vn Astre
non accoustumé de voir, c'est celuy qui a con-
duit les Mages d'Orient pour adorer vn Monade
engendré du Monade, *Et ex duobus venit ignis*,
qui reuiendra fur nous, puis quand les trois petits
Climateriques feront accomplis, le iour auquel
premier i'ay veu la lumiere, le corps lumineux
eclipfera & lors, *Orietur tribulatio in Ecclefia fan-
cti Petri*. Cefte prophetie doit eftre accomplie en
ces temps. Hildegrade efcriuoit en l'an 1266.
Auffi elle dit que la Decade c'eft à dire mil ans
font ia reuolus : mais que lors que le fexenaire de
cent feroit reuolu, qui font auec mil fix cens ans,
& que le triple petit fexenaire le feroit auffi accomply, qui font dix-huict ans, on verroit vn
Aftre extraordinaire, qui eft noftre Comette,
qu'il faut tenir pour conftant eftre vn Aftre nouueau, comme font tous les Comettes, voire que
quelque vns ont eu l'opinion, comme de celle
qui apparuft l'an 1556. eftre l'eftoille qui apparuft
en Perfe pour feruir de guide à conduire les Mages qui vindrent adorer Iefus Chrift; Celle cy
eftre la mefme, mais pour l'Eclipfe du corps
lumineux qui viendra trois Climateriques petits
rendus iour paffe vift lumiere ( c'eft à dire ) iour
de fa natiuité : c'eft l'Eclipfe de Soleil qui aduiendra le vingtiefme de Mars l'an 1621. iour de fa
naiffance felon Trithemius & Theodoric Abbé de
l'ordre fainct Benoift, qui a efcrit fa vie : les trois
fois fept ferôt accomplis à 21. nombre myfterieux
tant pour le ternaire que feptenaire. Cefte Eclipfe fera grande & efpouuantable aux fpectateurs
d'icelle, tant pour l'obfcurité qui viendra fi gran-

de fur noftre Horizon, que pour les effroyables
conionctions de deux planettes, fçauoir le Soleil & la Lune. Elle fe celebrera dans le figne
des Poiffons, elle commencera à neuf heures du
matin, felon la fuputation Gregorienne, mais
Origan felon la vieille fuputation nous la met
l'vnziefme de Mars en la mefme heure, elle fera
eclipfee de dix doigts, par confequent tres grande

Voila fa grandeur.

MIDY

| Grandeur de l'Eclipfe de ⊙. | | | Au Cli- mat | | | Eleua- tion pofée. |
|---|---|---|---|---|---|---|
| | 7 | 0 | | 4. | & D 36 | |
| | 8 | 21 | | 5. | & D 41 | |
| | 9 | 20 | | 6. | & D 45 | |
| | 10 | 16 | | 7. | & D 49 | |
| | 10 | 56 | | 8. | & D 52 | |

Le temps qu'elle durera.

| Cômencement | 11 | 40 | H | Toute fa du- rée 2. heures 37. min. |
|---|---|---|---|---|
| | 19 | 6 | PM | |
| Le milieu de la ♂ | 13 | 1 | H | |
| | 21 | 43 | PM | |
| | 14 | 17 | H | |
| | 21 | 43 | PM | |

Les effets de cefte Eclipfe corefpondent a ceux
de ce Comette, lefquels effets font fi grands &
efpouuantables, que les ayant auec grand labeur
recherchez, trouuez felon le fecret de ces Propheties icy deffus dictes, ie n'ay voulu les decla-
rer que par ces quatrains ou centuries, où de
quatre à quatre i'ay ioint vne Prophetie, de la

quelle i'ay les extraicts, afin de là confirmer mef-
dites centuries : Ceux qui ont l'efprit d'intelligence les entendent, quatre quatrains ou cinq
font pour vn an , en continuant ceux de mon
Almanach de cefte prefente année 1619.

### V.
#### Pour 1619. 1620.

*Ie voy la pafle mort aux yeux peftiferés*
  *Courir de çà de là de Prouinces en Prouinces,*
  *Vn autre la regarde aux yeux tout retirés ,*
  *Et fe mocquent tous deux & de Roys & de Princes.*

### VI.

*Et puis veut mefurer vn petit Phidias*
  *Par l'ongle le Lion du riuage Ifterique*
  *Cinq, vn font ja paffez ce Lion n'entend pas*
  *Car de fon fol penfer eft venu frenetique.*

### VII.

*Ie crains les Champignons qui fur vn mont font nez,*
  *Que portez doucement dans la riche cuifine,*
  *Que fricaffez par trop qu'ils ne prennent au nez,*
  *Y ayant par trop mis du poiure de la Chine.*

### VIII.

*Où ferez vous H. E. ja la crife vous tient,*
  *Efcoutez les propos de la Saincte Cabale,*
  *Ne vous targez de P. car ce qui vous fouftient*
  *N'eft que le cinq fatal de ce dard de Cephale.*


*Cabala mofin abri maffon bufal fophas ftrabis*
*Caffalit fta fatax folamer alchida zefari alea-*
*zac ftapha picuris , impreffa ler fuftuch qua-*
*drem folimanu draftu leirbocq dos gecelum gra-*

*ſale coſaphunus oſyres bachin ſcandru rach.l*
*lazarut ſtoyoman aſton ſatrapi , ſolthor zarul*
*ganoph diſtro ſphela chalu frizo Theleman ca-*
*ſtrator Othomen coſmer loratho helide por the-*
*mo ſquiſto gab.*

Ceſte Prophetie icy eſt extraicte de l'ancien Thalmud Babylonien , & eſtoit eſcrite en Caracteres
dits Celeſtes , où l'eſcriture dite *Scriptura Mala-*
*chim, ou Melachim,* dont vous en voyez vn Alphabet
en l'Appendice de pluſieurs & diuerſes langues de
Theſeus Ambroſius : Auſſi en H. C. Agrip. au
troiſieſme liure de ſa Philoſopie Occulte. Ie n'ay
peu luy donner autre ſens pour la faciliter d'intelligence.

### IX.

#### Pour 1621.

*Les Dragons ja bleſſez qui viuent languiſſans*
   *Entenderont la voix du Ciel çà bas en terre*
   *Elle eſt cheute ell' eſt cheute auecque ſes enfans,*
   *Celle qui nous vouloit faire nouuelle guerre.*

### X.

*Alors milles Aiglons aux carnages portez,*
   *De leur hur feront bruit ainſi que ſauterelles,*
   *Qui ſortis de ce puits de contrarietez,*
   *Mangeront la Cité d'auiditez cruelles.*

### XI.

*Garde des Gibelins le diſcorde cruel,*
   *Les cinq orbes arondis vnis tout au contraire,*
   *Leur pouuoir les ſera par vn acte actuel,*
   *πάντα φιλῶν κοῖνα, ſeront mis ſort arriere.*

## XII.

Le vieil cinquante & cinq se voyant offencé,
  Par l'Aigle déplumé il cherchera la guerre,
Mais Atropos venant d'vn ciseau courroucé,
  Tous deux les liurera pour captifs à la terre.

Sub Aquila grandi quæ ignem fouebit in pectore,
conculcabitur Ecclesia. Nam potens est. Deus
suscitare & Francos aduersus Ecclesiam, qui eam
humiliabunt. Saincte Brigide.

Post hæc egredietur Aquila de Germaniæ rupi-
bus multis associata Griffonibus quæ irruens in
ortum chrismatis, sedentem in sede Pastoris, de
quinto climate, fugabit in septimum. La Sibile
Cumée.

## XIII.

### Pour 1622.

Le croissant Ottoman de Gog voudra sçauoir
  Lespoir & son pouuoir : mais LOIN plein de courage,
Arrestera le cours de son puissant pouuoir,
  Souz l'espoir que par Tros ils sont de parentage.

## XIIII.

Ie crains que vers l'Archer se tourne vne grand faux,
  Ou l'Ange de Phœbus nous meine au Sagitaire,
  Que par armes nous soit authrice de grands maux,
  Remphssant l'vniuers d'vn exploict militaire.

## XV.

La mort de plusieurs fera donner la paix,
  A. E. G. F. & V. mais de peu de durée,
  Le croissant s'esleuant voudra dessouz ces loix,
  Engloutir tout ça bas & la voute Ætherée.

## XVI.

Et puis lors les Phocens peuple assez belliqueux,
Encontre ce Croissant voudront entrer en lice,
Mais le sucré figuer, tout froid, & tout frilleux
Nous retiendra tous froids par crainte & malice.

Patissa homos ghelur C. siapherum, menileketi,
alur : Kenzud, almai, alur : Kapzeiler ie dy
yladegh, Gyaur Keleci esi Kmassi, on tki yladegh onlarum beghligheder enuui, iapar baghi,
diker : bahesai, baghlar, ogli Kezi olar on iki,
yldenssora Kristianon Keleci, ehkar ol Turki
gheressira. Franc. Ricold. en ces Propheties
Arabes.

## XVII.

### Pour 1623.

Eiouas ce voudra monter au Lac Leman,
Fort grand apres ce fait fortune decolore,
Quatre, neuf, vnze & six auecques Supelman,
Et ne feront pourtant leurs fortune encore.

## XVIII.

Ah que de feux & sang ! tout autour des Autels,
Tout est ionché de morts, il n'a plus de concorde
Car mesme sans pitié vivent les immortels,
Et aux Cieux & ça bas n'y a misericorde.

## XIX.

En cet an vingt & trois il s'en trouvera maints
Qui n'auront point de Dieu, que far, hypocrisie,
Encapucez d'habits ce maintiendront des mains,
Disant qu'on recognoist par tout leur frenesie.

XX.

## XX.

*Vn P. voudra vn P. bauſſer bien au plus haut,*
*Mais le C. au ☉ Grec, aura haine mortelle,*
*Ie ſçay que tout cela n'aura point de defaut,*
*Car ils ſont trop vnis auecques leur ſequelle.*

Iuſto iudicio hoſtilibus incurſibus conculcabitur
nauicula Petri & clerus turbabitur. *s. Brigide.*
Erit in inſidiis ſponſæ agni de pauperans cultum
eius. *La Sibile de Crete.*

## XXI.
### Pour 1624.

*La Lyre, le Dauphin, le virent tout ſoudain*
*Naiſtre deſſus les bords de la claire Tamiſe,*
*Et en ioignant le Nord d'vn viſage tout vaiu,*
*Fera mettre beaucoup en pourpoint & chemiſe.*

## XXII.

*Lors on verra ça bas deux effroyables Oſts*
*Qui viendront ſe choquer tout au milieu des plaine*
*Des Sarmates affligez, mais vn le plus diſpos,*
*A l'autre luy fera perdre cœur & l'haleine.*

## XXIII.

*Lors le fleuron doré par ſa ſage bonté,*
*Accordra ces debats & puis fera reprendre*
*Les clefs à vn & deux, leſquels auront dompté,*
*Le ſchiſme tres-cruel & le tout fera rendre.*

## XXIV.

*Vous Croix de Gaudefroy vous ſerez arborez,*
*Sur les monts plus pointus & cimes orgueilleuſes,*
*De chacun ſerez veuz & de tous adorez,*
*L'honneur vous en ſera ô ames precieuſes.*

N

Iuxta eſt dies Domini, iuxta eſt, & velox nimis
Rogate quæ ad pacem ſunt Hieruſalem: & Eccle-
ſiam iam dolentem confortate , iam errantem in-
formate, iam diuiſam reintegrate, naufragiantem
ad portum reducite, ne fiat illud ſciſma magnum
quod præambulum erit Antechriſti. In cuius ad-
uentum de Eccleſia verificabitur illud Hieremiæ
Prophetæ. Omnes eius portæ deſtructæ: Sacerdo-
tes eius gementes : virgines eius ſqualidæ, & ipſa
oppreſſa amaritudine: tunc Petri Nauicula, ſciſ-
matico turbine diutius agitata diſſipabitur , in
proximo ſubmergenda.　Ioannes de Burgis in li-
bro qui de varietate Aſtronomiæ inſcribitur.

　　Propter Tyrannidem principum & cupidita-
tem prælatorum , Eccleſia percuſſa eſt & vidua
*Saincte Hildegrade.*

## XXV.
### Pour 1625.

*Lors vn Ange criera, Rien, Rien icy venez,*
　*Et ſortez des priſons, car noſtre Abſinthe amere,*
　*Et s'il qu'eſt en ſecond maintenant eſt ſans nez,*
　*Car tout eſt inconſtant & farcy de miſere.*

### XXVI.

*Aimer à ceſte voix fera tout retentir*
　*Ieſſus les bords des eaux les Nymphes les plus belles,*
　*Eſperant & bien toſt qu'on verra deſpartir*
　*Dans l'enclos des grands murs ſes ans peu fidelles.*

### XXVII

*Garde que ſe vil Dieu qui ſe void aux iardins,*
　*Trop veu & trop porté remply d'ignominie,*
　*Que par trop prompts exploicts des Argus feminins,*
　*Que ces Cendres de luy ils ne repregne vie.*

## XXVIII.

Ie voy donc vn cher I. aspirer au Chappeau,
Qui trompé grandement mais tout plain d'esperance
Se tirer sur son bien, car il void le batteau,
Ou bien vne grand Nef, qu'a besoin d'assistance.

## XXIX.

Il n'a rien icy bas qui n'aye changement
Dira l'Ange du Ciel à tout la compagnie,
Mais obeis aux loix du sacré Haut-tonnant,
Et tu receueras & l'honneur & la vie.


ET IAM VENI DOMINE IESV.


Voyez Maistre Alain Chartier en son liure
de l'Exil pour ces dernieres centuries, vous verrez
choses admirables.

O grand Dieu qui as enseigné les mains de
ton seruiteur Dauid a manier les armes, sois
protecteur de nostre Roy : conduits ses mains
à r'emporter la victoire de ses ennemis, le tout
pour ta gloire, l'accroissement de ton Eglise & au
bien de son peuple, afin qu'vn iour chargé des ans
de Nestor, des victoires d'Alexandre, de la paix
d'Auguste, de la pieté de Constantin, & du zele de
Theodose, il regne auec toy eternellement en la
gloire, que tu as preparée aux tiens.

## VRAYE PROPHETIE, OV
### Prediction de l'Estat de l'Eglise
### iusques à la fin du monde,
### de S. Vvlfren.

Qvand du monde peruers la haine ces-
    sera,
Contre les Saincts de Christ cheminant en Iu-
    stice ;
Quand entre les enfans aimez de Dieu sera,
L'homicide Serpent sans enuie & malice :
Quand les esleuz en terre on trouuera sans
    vice,
(Subiect de chastiemens) quand Dieu plus ne
    voudra
Accroistre l'heur au siens souffrans pour son
    seruice,
L'Eglise lors sans croix de repos iouyra.


F I N.

www.ingramcontent.com/pod-product-compliance
Lightning Source LLC
Chambersburg PA
CBHW071828090426
42737CB00012B/2203